AF502220

DEUXIÈME PARTIE

NOTES ET CROQUIS

sur les générateurs à vapeur à l'Exposition universelle de 1867, par M. CHARLES MEUNIER, ingénieur de l'Association alsacienne des propriétaires d'appareils à vapeur.

SÉANCE DU 25 SEPTEMBRE 1867.

CHAUDIÈRES A VAPEUR

(Générateurs ne fonctionnant pas).

FRANCE.

Chaudière de M. Durenne, constructeur à Courbevoie, près Paris (Pl. X, fig. 1, 2).

Parmi les chaudières exposées dans la grande galerie des machines, nous citerons celle qui a été construite dans les ateliers de M. Durenne, constructeur à Courbevoie, près Paris. La disposition adoptée par le constructeur est celle du système Lecherf que nous avons déjà décrite dans la première partie de ce travail; le générateur de M. Durenne est construit avec beaucoup de soin, c'est un remarquable travail de chaudronnerie.

Ajoutons que M. Durenne se propose avec raison, selon nous, de compléter le système qu'il a adopté par l'addition d'un bouilleur réchauffeur, placé latéralement.

La chaudière proprement dite a 5m,00 de longueur, 1m,40 de diamètre; elle est traversée de part en part par un faisceau tubulaire.

Les deux bouilleurs ont 0m,70 de diamètre et 7m,00 de longueur.

Le générateur a 100m² de surface de chauffe; elle se décompose de la manière suivante :

Bouilleurs	31m²
Chaudière	11m²
Tubes	58m²
Surface de chauffe totale . .	100m²

Le dessous des bouilleurs est en tôle d'acier fondu; la chaudière a été timbrée à 6 kilogrammes par centimètre carré; son poids est de 12,500 kilog.

Le croquis ci-joint donne les principales dimensions de la chaudière.

Le prix du générateur, sans accessoires, est de 12,400 fr.

Les appareils de sûreté, les garnitures en fonte du fourneau porteraient le prix du générateur à 14,350 fr. Enfin il faudrait ajouter encore la valeur d'un tube réchauffeur.

Générateur tubulaire soudé de MM. Eugène Imbert et Cie, à Saint-Chamond (Loire) (Pl. X, fig. 3, 4, 5).

MM. Eugène Imbert et Cie exposent un générateur du système tubulaire qui présente cette particularité que l'enveloppe de la chaudière et le foyer sont entièrement soudés, sans présenter de rivure.

Le système de la chaudière est très-simple; il se réduit à un foyer intérieur et à un faisceau tubulaire enveloppés par un corps cylindrique concentrique. L'espace intermédiaire est rempli par l'eau et la vapeur. Le réservoir de vapeur est formé par la partie supérieure de la chaudière et par un dôme de 0m,50 de diamètre et de hauteur.

Chaudière de M. Durenne.

Fig 1.

Coupe transversale

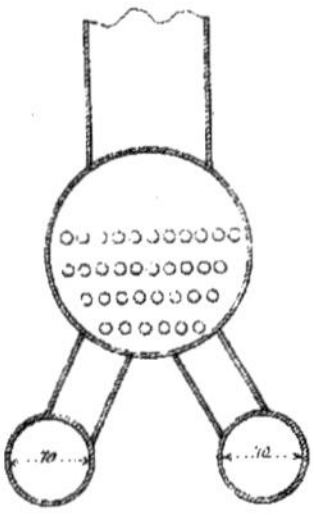

Fig. 2.

Coupe longitudinale

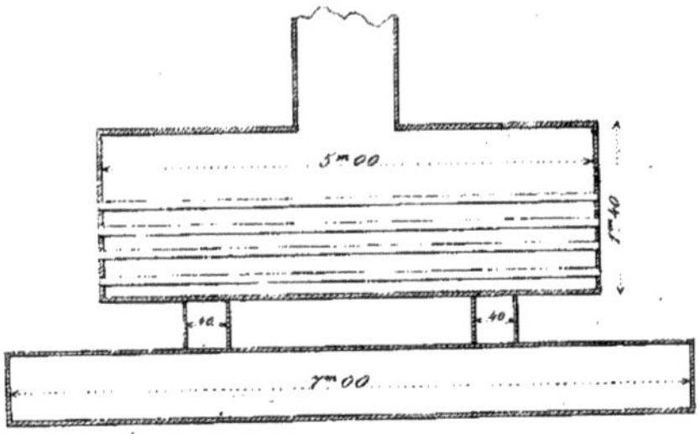

5m00

1m40

40

40

70

70

7m00

Fig 5.

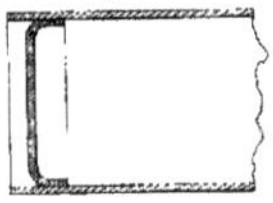

Chaudière de MM. Eug. Jmbert & Cie

Coupe longitudinale

Coupe transversale

Fig 3.

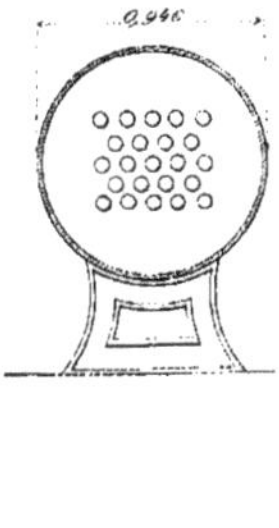

0,946

Fig. 4.

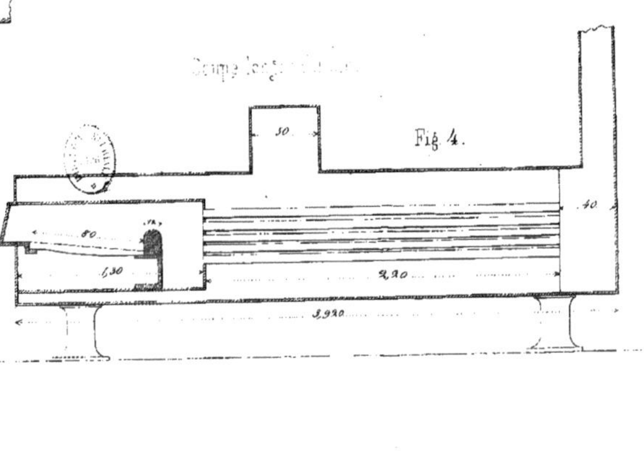

50

40

80

1,30

2,20

3,920

Le foyer intérieur a 1m,30 de longueur, 0m,60 de diamètre; il comprend la grille, l'autel et une petite chambre de combustion.

Les gaz, au sortir de la grille, passent à travers le faisceau tubulaire et débouchent dans la cheminée. Il est très-probable qu'il y aurait avantage à compléter le système par une disposition quelconque permettant de réchauffer l'eau en utilisant le calorique que contiennent encore les gaz à leur arrivée dans la boîte à fumée, plutôt que de les lancer directement dans l'atmosphère. C'est, du reste, ce qu'ont fait la plupart des nombreux constructeurs français ou étrangers, exposant des machines locomobiles dont les chaudières sont presque toutes analogues à celle de MM. Imbert.

L'épaisseur de la tôle employée pour la construction du générateur est de 12m/m,7; la chaudière a été timbrée à 10 kilogrammes par centimètre carré.

La surface de chauffe est de 15 mètres carrés. Elle se décompose ainsi :

Foyer	$2^{m^2},45$
Faisceau tubulaire	12, 55
Surface de chauffe totale . .	$15^{m^2},00$

MM. Eugène Imbert et Cie ont bien voulu nous communiquer les renseignements suivants sur leur fabrication :

« La chaudière à vapeur, ainsi que les divers objets (foyers de locomobile, creusets à fondre l'argent et le zinc et autres métaux) que nous présentons à l'Exposition universelle de 1867, sont remarquables par l'absence totale de rivets, employés habituellement pour la construction des chaudières à vapeur et de toute la chaudronnerie de fer.

« Dès l'année 1860, c'est-à-dire il y a 7 ans, nous avons été conduits à substituer la soudure à la rivure pour certains appareils qui périssaient invariablement par la rivure au bout d'un certain temps de fonctionnement; il saute aux yeux de tout le monde qu'en supprimant la clouure et la remplaçant par une soudure bien faite, nous devions arriver à résoudre le problème : mais comment opérer cette soudure ?

« Nous avons commencé par prendre un petit cylindre de 300 m/m de diamètre et de 12 m/m d'épaisseur, auquel nous avions fait préalablement des amorces sur les bouts. Nous avons mis la partie à souder sur une forge, et après l'avoir amenée au rouge soudant, nous avons soudé ce petit tube tant bien que mal. Le problème paraissait résolu, mais des difficultés sans nombre nous attendaient lorsqu'il s'est agi de souder des tubes de 1^{m} à $1^{m},500$, but de nos recherches. En effet, on s'explique très-bien que, lorsqu'on met un tube de 250 à 300 m/m de diamètre sur une forge, on puisse le chauffer avec assez de soins pour opérer un soudage, surtout si le tube est court ; il se manœuvre facilement, et tout ouvrier un peu habile pourra arriver à souder de petits objets, comme tubes de communication de chaudière et bouilleur, par exemple.

« Mais si le tube est de grand diamètre et de faible épaisseur, 5 à 6 m/m par exemple, le meilleur ouvrier ne pourra le souder, par suite de la difficulté de l'amener à son point de température, sans le brûler ou sans le laisser refroidir avant de l'amener sur l'enclume. Avec notre système, nous ne brûlons jamais la tôle, comme on le comprendra facilement, après explication, quoique l'ouvrier soit un simple manœuvre.

« Supposons qu'il s'agisse de souder une virole de 1^{m} par exemple. Nous la préparons par amorces, comme il a été dit plus haut. Nous la mettons sur une forge spéciale. La pièce à souder est suspendue à une grue, de façon à obéir subitement aux ordres de l'ouvrier.

« Lorsque la partie que l'on veut souder devient rouge sombre, nous jetons à l'intérieur, sur la partie rouge, une poudre qui constitue la base de notre procédé et que pour ce fait nous ne pouvons dévoiler.

« Cette poudre est constituée de telle manière que lorsqu'elle se liquéfie, l'ouvrier est sûr que le fer est arrivé à la température voulue ; alors il manœuvre rapidement la pièce, la porte sur une forme ayant le gabarit du cylindre, et là quatre hommes frappent avec des marteaux proportionnés à l'épaisseur de la tôle qu'il s'agit de souder. Voilà comment se fait l'opération du soudage d'une virole.

« Notre système nous permet de souder les plus faibles comme les plus fortes épaisseurs, les petits comme les grands diamètres, et cela sans avoir besoin d'un ouvrier habile.

« Lorsque nous avons soudé une virole et qu'il s'agit d'en souder une deuxième, nous préparons encore ces deux viroles par amorce et nous soudons aussi facilement que s'il s'agissait de souder une longueur suivant la génératrice du cylindre. Nous pouvons souder ainsi deux, trois, quatre viroles; notre outillage nous permet d'aller jusqu'à 10 mètres.

« Quand il s'agit de souder un fond, voici comment nous opérons: Le fond plat ou embouti est amorcé comme l'indique le croquis (Pl. X, fig. 5), de façon que la surface de contact, qui va se présenter à la soudure, soit de 50 à 55m/m. La virole qui doit recevoir le fond, ne subit aucune préparation: en emmanchant le fond, on a soin de laisser dépasser la virole de 150 à 200m/m, comme l'indique le croquis. Ce bord, en se rabattant, vient consolider le fond, et puis il permet de pouvoir donner de fortes chaudes sans crainte de brûler ce bout qui est sacrifié.

« Comme on peut le juger après cette explication, il est facile de comprendre que le soudage des fonds, qui semble très-difficile en apparence, est le plus simple du monde en réalité.

« Le foyer de la chaudière que nous exposons, a été soudé sur le fond de la chaudière, puis nous avons fini la chaudière en soudant le fond avec l'enveloppe extérieure.

« Notre chaudière est timbrée à $10^k\,{}^1/_2$; elle a supporté l'épreuve à $10\,{}^1/_2 + 6 = 16^k\,{}^1/_2$, sans un seul suintement et sans que les fonds se soient déformés. La tôle n'a que 9m/m d'épaisseur, tandis que, d'après les anciennes ordonnances, nous aurions dû mettre 21m/m,9, en appliquant la formule $0.0018\,n \times d + 0.003$.

« Nous faisons donc une économie notable sur le métal, en employant la soudure; si à cela nous ajoutons la suppression des pinces, des bords tombés et des rivets, notre économie sera encore bien plus grande.

« Cette économie deviendra plus sensible à mesure que les constructeurs admettront les hautes pressions. La suppression totale des rivets dans les appareils à très-haute pression est de première importance, parce qu'elle diminue les déformations et les chances d'accidents. »

Générateur tubulaire de MM. Cail et Cie, constructeurs à Paris

(Pl. XI).

MM. Cail et Cie exposent un générateur dont la forme et la disposition rappellent les chaudières des machines locomotives. Il comprend deux parties distinctes :

1° la boîte à feu;

2° le faisceau tubulaire.

La boîte à feu est formée par un cylindre vertical de 1m,50 de diamètre, de 2m,50 de hauteur.

A la partie inférieure de la boîte à feu se trouve la grille, qui est circulaire; sa superficie est de 1m²,76. La boîte à feu est supportée par un socle creux, en fonte, dont le vide forme le cendrier.

Une enveloppe cylindrique concentrique de 1m,70 de diamètre et de 3m,30 de hauteur entoure le foyer. L'intervalle compris entre les deux corps cylindriques, consolidé par des entretoises, est rempli par l'eau qui vient recouvrir le ciel de la boîte à feu d'une couche de 0m,30 environ. La partie supérieure de l'enveloppe forme le réservoir de vapeur, ainsi qu'un petit dôme qui surmonte cette partie du générateur.

La boîte à feu est reliée intérieurement à une plaque tubulaire dans laquelle sont fixés les tubes; ceux-ci sont entourés d'une enveloppe cylindrique horizontale, dont l'axe coïncide avec celui du faisceau tubulaire; elle forme le corps de la chaudière proprement dite.

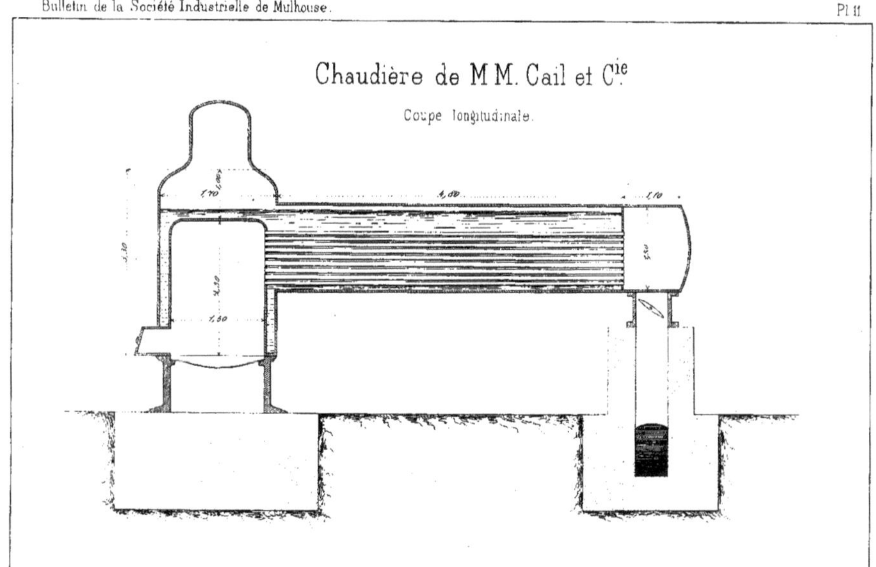
Chaudière de MM. Cail et Cie
Coupe longitudinale.

Le corps horizontal est un grand cylindre de 1m,20 de diamètre et de 5m,90 de longueur comprenant le faisceau tubulaire et la boîte à fumée.

Les tubes ont 0m,065 de diamètre et 4m,80 de longueur. Il y en a 110 ; ces tubes sont amovibles ; on verra plus loin la description du système dont M. Berendorff est l'inventeur.

La boîte à fumée a 1m,10 de longueur ; les fonds sont formés d'une part par la plaque tubulaire, de l'autre par un couvercle mobile, qui permet le nettoyage intérieur des tubes. A la partie inférieure de la boîte à fumée se trouve une tubulure en fonte de 0m,65 de hauteur sur 0m,45 de diamètre ; elle conduit les gaz à la cheminée. Une valve, placée dans la tubulure, manœuvrée par une longue tige, dont la poignée se trouve près de la porte de chargement, permet au chauffeur de régler le tirage suivant sa convenance.

La surface de chauffe de ce générateur est de 120m². Elle se décompose de la manière suivante :

Boîte à feu	12m²,500
Faisceau tubulaire	107 , 500
Surface de chauffe totale	120m²,000

Les principales dimensions du générateur se trouvent dans les rapports suivants :

Surface de chauffe totale	120m²,00
Surface de chauffe directe exposée au feu	12m²,50
Rapport de la surface de chauffe totale à la surface directe.	9 , 60
Capacité totale	7m³,102
Volume occupé par l'eau	5m³,302
Volume occupé par la vapeur	1m³,800
Surface de la grille	1m²,76
Rapport de la surface totale à la surface de la grille .	68 , 18
Surface de chauffe par mètre cube d'eau de la chaudière	22m²,63

Il serait très-intéressant de connaître la température des gaz à la sortie du faisceau tubulaire pour juger de l'intérêt qu'il pourrait y avoir à faire circuler les gaz autour du corps de la chaudière avant de les envoyer à la cheminée.

Dans la disposition actuelle le générateur doit être protégé par une enveloppe de matières conduisant mal la chaleur et recouvert de lattes de bois maintenues par des cercles de fer, de manière à atténuer autant que possible les pertes de chaleur de la chaudière placée en plein air.

Le prix du générateur construit par MM. Cail et Cie est de 16,000 fr.

Générateur inexplosible de MM. Belleville et Cie, constructeurs, avenue Trudaine, 6, Paris (Pl. XII, fig. 1, 2, 3).

MM. Belleville et Cie exposent, dans le hangar du Nord, deux types de leurs générateurs inexplosibles; l'un est une chaudière fixe, l'autre est appliqué à une petite machine locomobile.

Le générateur de MM. Belleville et Cie est *une chaudière à circulation;* les chaudières de ce genre sont généralement formées, comme on sait, de tubes agencés de diverses manières, jouant chacun le rôle d'un petit générateur, c'est-à-dire remplis par l'eau et la vapeur qui s'en dégage.

Il est à remarquer que dans ce système de chaudières la quantité d'eau et de vapeur, contenue dans le générateur à un moment donné, est faible relativement à celle des chaudières à bouilleurs qui leur sont comparables, et que de plus l'eau et la vapeur se trouvent divisées dans un grand nombre de tubes très-résistants. Le seul accident que l'on puisse alors redouter, est la rupture d'un tube qui n'aurait d'autre conséquence que l'arrêt du générateur. Des expériences ont été faites dans ce sens par M. Choppart, capitaine de vaisseau; un appareil fut chauffé à mort; lorsque la pression eut atteint 27 à 28 atmosphères, on entendit un sifflement et la machine alimentée par le générateur s'arrêta; un tube s'était entr'ouvert sur une longueur de 5 à 6 centimètres, et l'eau et la vapeur du générateur s'étaient écoulées par cette ouverture.

La sécurité offerte par les générateurs de MM. Belleville ne saurait donc être contestée, quoiqu'elle ne soit pas nécessairement absolue.

Par contre, les chaudières à circulation présentent en général de graves inconvénients; la quantité d'eau dans le générateur étant faible, le réservoir de vapeur restreint, la marche des appareils risque d'être irrégulière, surtout s'ils sont appliqués à une industrie réclamant, à intervalles irréguliers, des quantités de vapeur très-variables.

MM. Belleville semblent être parvenus à vaincre ces difficultés en réglant d'une manière spéciale l'alimentation de leurs chaudières proportionnellement au dégagement de la vapeur, et cela dans de larges limites.

Enfin l'emploi de leurs appareils pourrait présenter de grands inconvénients dans le cas où les eaux d'alimentation sont incrustantes; nous verrons comment les inventeurs ont facilité le nettoyage intérieur des tubes.

Nous allons donner, en grands détails, la description d'un générateur de 9 chevaux, grâce à l'obligeance de MM. Belleville qui ont bien voulu nous communiquer le plan ci-joint.

La chaudière se compose, comme on peut le voir dans la coupe longitudinale, d'une série d'*éléments* ou *serpentins* dont la partie inférieure communique avec un tube *B* dit *collecteur inférieur*, et la partie supérieure avec un tube *C* dit *collecteur supérieur*. Chaque élément puise l'eau d'alimentation dans le collecteur inférieur et déverse la vapeur produite dans le collecteur supérieur. Au moment où la vapeur se dégage de la masse liquide, elle est très-humide; elle se dessèche peu à peu et se surchauffe même plus ou moins, en circulant à travers les tubes de la partie supérieure du générateur.

Les tubes sont en fer forgé; ils sont soudés à recouvrement sur mandrin; ils ont 7 à 8 centimètres de diamètre extérieur et peuvent supporter une pression très-considérable. Le nombre des tubes est plus ou moins grand suivant la force de la chaudière. L'extrémité antérieure des tubes est fermée par une sorte de bouchon *F* analogue à un trou d'homme, c'est-à-dire fixé au tube par un écrou et un étrier. Les tubes s'ouvrent ainsi avec facilité et rapidité. Quand les eaux d'alimentation sont calcaires, les dépôts sont enlevés au moyen d'une sorte de vrille, de tire-bouchon, que les inventeurs ont imaginé à cet effet.

La prise de vapeur se fait par un tube *D* dit *tube diviseur* adapté à l'intérieur du collecteur supérieur; il est hermétiquement raccordé avec la tubulure de sortie de vapeur, de telle sorte que par les petits trous dont il est percé sur toute sa longueur, il aille puiser la vapeur également dans tous les éléments. MM. Belleville considèrent cette disposition comme très-importante pour assurer la régularité de marche du générateur.

La chaudière présente latéralement un cylindre niveau *G* muni d'un tube indicateur de niveau en verre, d'un appareil automoteur d'alimentation, d'un sifflet avertisseur de manque d'eau et d'une attente pour prendre la vapeur qui pourrait être destinée à une alimentation, au moyen de l'injecteur Giffard.

L'appareil automoteur d'alimentation se compose d'un flotteur placé dans le cylindre *G*, dont on augmente ou diminue le contre-poids pour augmenter ou diminuer proportionnellement la hauteur du niveau de l'eau dans le générateur. Le levier du flotteur vient agir sur un robinet *H* dit *robinet gradué d'alimentation*. Le robinet *H* est placé sur un tube qui communique par la boîte *L* et le tuyau *N* avec la pompe alimentaire. La boîte *L* a pour but d'arrêter les impuretés entraînées par l'eau d'alimentation venant des pompes. Un peu au-dessous du robinet *H* se trouve un clapet de retenue *M* pour empêcher le retour d'eau ou de vapeur du générateur à la bâche alimentaire.

Un tuyau *O* conduit l'eau d'alimentation du robinet *H* à la partie supérieure du cylindre niveau *G*.

A la partie supérieure du cylindre niveau *G* se trouve un tube *K* qui amène la vapeur dans la boîte *X* où se trouve le régulateur automoteur du registre *V*. C'est une sorte de soupape sur laquelle la vapeur exerce sa pression; l'effort est transmis par une

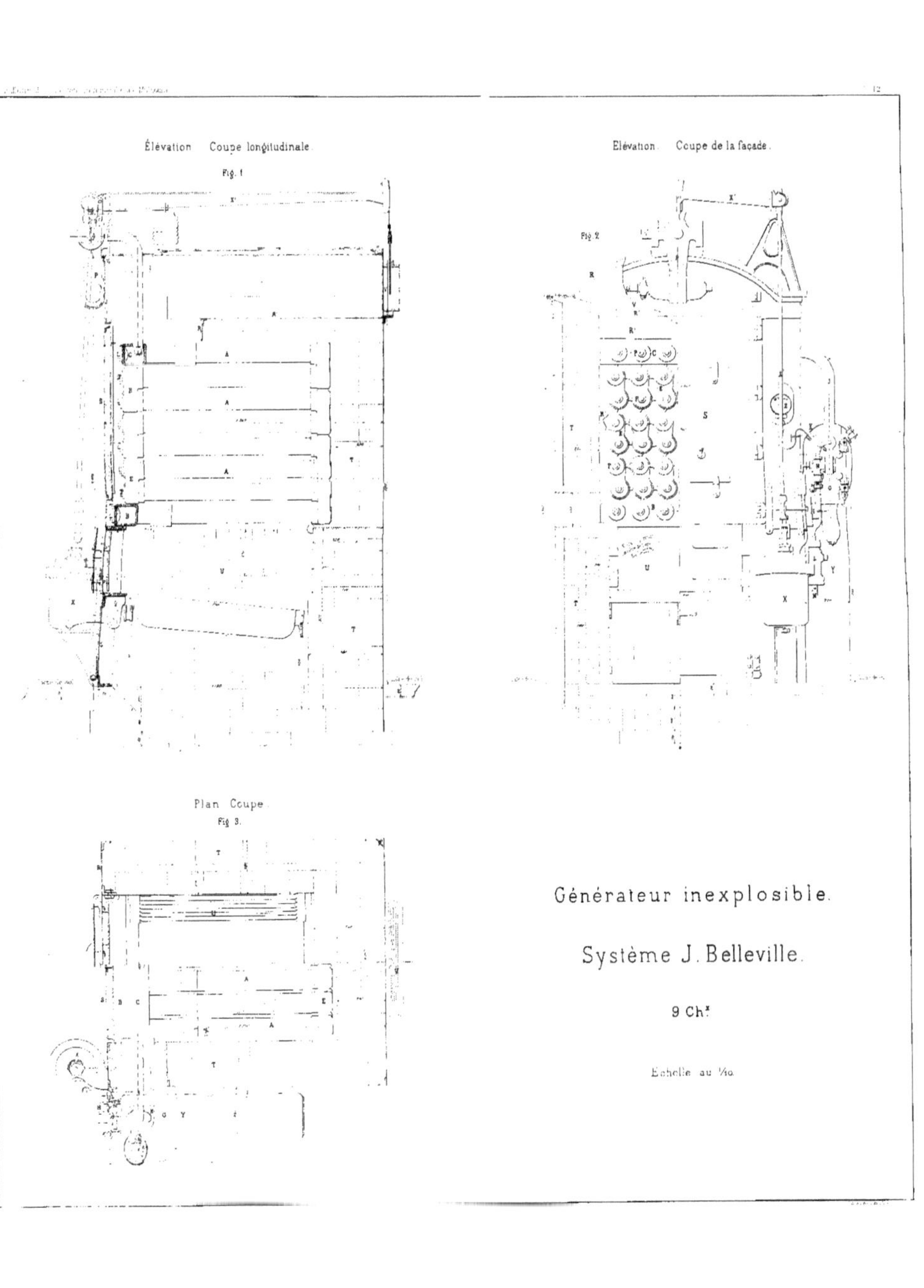

Générateur inexplosible.

Système J. Belleville.

9 Chx

Echelle au 1/10

tige et un levier au registre qui s'ouvre plus ou moins suivant les mouvements du régulateur.

Enfin la chaudière présente à sa partie supérieure une boîte P dite *épurateur de vapeur*, munie de soupapes de sûreté, d'un sifflet d'alarme et d'attentes pour la prise de vapeur et pour l'installation du générateur.

La chaudière est placée dans un massif de maçonnerie ayant la forme d'un parallélipipède rectangle, consolidé par des armatures en tôle R' R''.

Des obturateurs R' ou cornières ont pour but de répartir les gaz aussi uniformément que possible à travers les tubes. Des portes S permettent un accès facile pour le nettoyage des tubes, soit intérieur, soit extérieur; ce dernier se fait en brossant simplement les tubes pour enlever la suie et les cendres.

Les principales dimensions du générateur sont dans les proportions suivantes :

Surface de chauffe totale	12m²,30
Surface de chauffe directe exposée au feu	0m²,70
Rapport de la surface de chauffe totale à la surface directe	17, 57
Capacité totale	0m³,300
Volume occupé par l'eau	0m³,090
Volume occupé par la vapeur	0m³,110
Surface de la grille	0m²,60
Rapport de la surface totale à la surface de la grille	20, 50
Surface de chauffe par hectolitre d'eau de la chaudière..	1m²,36

Le prix de ce générateur avec accessoires est de 2800 fr.

Les générateurs à vapeur de MM. Belleville sont livrés à Paris aux prix suivants :

Force en chevaux	Prix	Surface de chauffe
4	1600 fr	5m²20
6	2000	7 80
9	2800	11 70
12	3400	15 60
16	4400	20 80

Force en chevaux	Prix	Surface de chauffe
20	5200 fr	26m²00
25	6000	32 50
30	6800	39 00
40	8700	52 00
50	10500	65 00
60	12500	78 00

Les chaudières sont munies de leurs accessoires; l'emballage, le transport et le montage ne sont pas compris dans les prix ci-dessus.

Plusieurs bâtiments de l'Etat sont pourvus de générateurs Belleville; leur ensemble représente une force de plus de 4000 chevaux, soit plus de 5000m² de surface de chauffe.

Les diverses administrations et l'industrie privée, qui ont adopté le système de MM. Belleville, soit comme chaudière de machine fixe, soit comme chaudière de locomobile, ont mis en œuvre un nombre de générateurs dont la force totale est de plus de 3000 chevaux, soit de 4000m² de surface de chauffe environ.

Ces chiffres correspondent à la période de 1860 à 1867.

MM. Belleville exposent également une petite machine locomobile dont la chaudière est formée par des tubes de leur système.

La force nominale de cette machine est de 4 chevaux.

La surface de grille est de 0m²,26.

La surface de chauffe, 5m²,26.

Le poids total, eau comprise, 1480 kgr.
Roues et brancard, 250 »
Poids total, 1730 kgr.

Ce système de générateur est appelé à rendre, dans certains cas, des services importants partout où l'emploi de la chaudière tubulaire se trouve indiqué presque exclusivement.

Dans les nombreux ateliers que l'on rencontre à Paris aux étages élevés des maisons, ces chaudières se trouvent naturellement indiquées par les avantages qu'elles procurent, grâce à

Chaudière de M.M. Hédiard et Joly

Vue de Face

Coupe longitudinale.

(Fig 1.2.)

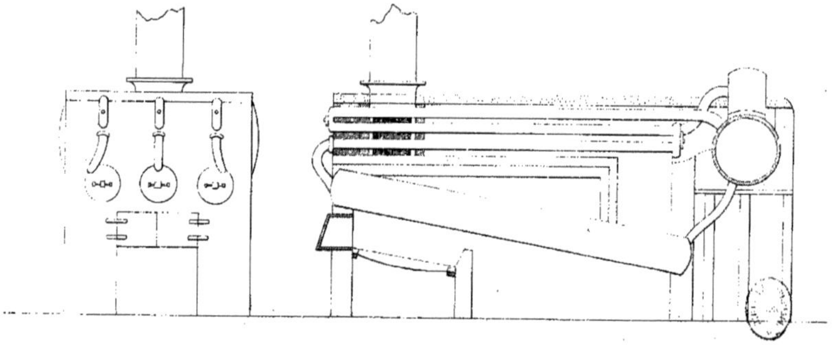

leur sécurité, à leur faible volume, à la rapidité avec laquelle elles sont mises en pression.

Elles donneront encore une excellente solution pour les machines locomobiles, les pompes à incendie à vapeur, etc.

La marine a également employé ces générateurs.

La pratique et l'expérience indiqueront bientôt si la grande industrie peut en attendre autant d'avantages.

Chaudières inexplosibles à vapeur instantanée et surchauffée, de MM. Hédiard et Joly, constructeurs à Argenteuil, près Paris
(Pl. XIII, fig. 1, 2).

MM. Hédiard et Joly ont exposé un générateur, de leur système, qui est basé sur les mêmes principes que le générateur de MM. Belleville, c'est-à-dire la division de l'eau et de la vapeur en un grand nombre de tubes; de plus, la vapeur humide passe à travers un surchauffeur.

Les inventeurs ont combattu différemment, par exemple, les difficultés des générateurs à circulation d'eau; ils ont adopté en quelque sorte un type mixte en donnant à la chaudière un réservoir d'eau et de vapeur assez considérable pour obvier autant que possible aux irrégularités de marche.

La chaudière à vapeur construite par MM. Hédiard et Joly se compose, comme l'indique la figure ci-jointe, de trois tubes bouilleurs de 0m,30 à 0m,40 de diamètre fortement inclinés pour mieux utiliser l'action de la flamme à la sortie du foyer et faciliter le dégagement de la vapeur. Ces bouilleurs communiquent avec une série de tubes de 8 à 10 centimètres de diamètre, en forme de serpentins, et dans lesquels circule la vapeur qui se dessèche et se surchauffe avant de se rendre au réservoir de vapeur formé par un corps cylindrique à l'arrière du générateur.

Le réservoir de vapeur se compose de deux cylindres superposés; le cylindre inférieur reçoit l'eau entraînée qui retourne à la chaudière par un tube placé à la partie inférieure du réservoir; le second cylindre forme le dôme; il porte les soupapes de sûreté et les tubulures de prise de vapeur.

Le système de MM. Hédiard et Joly date de 1860; plusieurs de ces générateurs fonctionnent depuis cette époque à Paris et aux environs.

Chaudière en tôle, à surfaces ondulées, de M. Carville (Pl. XIV, fig. 1).

Le générateur exposé dans le hangar du Nord par M. Carville aîné se compose de deux parties distinctes, dont l'une *A* est cylindrique, forme réservoir d'eau et de vapeur et n'offre aucune particularité remarquable : c'est le corps de la chaudière.

L'autre partie joue en quelque sorte le rôle de bouilleurs. Elle est constituée d'une série d'éléments *B* parallèles entre eux, formés de feuilles de tôle à surfaces ondulées. Chaque élément est une boîte faite pour ainsi dire de plusieurs tubes horizontaux superposés.

Pour consolider l'assemblage des tôles qui forment les éléments, des rivets sont placés sur toute la longueur des étranglements des tôles, de manière à en empêcher l'écartement sous l'action de la pression intérieure.

Une tubulure réunit la partie supérieure de chaque élément au réservoir d'eau et de vapeur placé au-dessus.

Les extrémités des tôles sont reliées par des rivures aux plaques métalliques qui limitent à l'avant et à l'arrière l'enveloppe du foyer. Des trous d'homme *C* ferment les extrémités de chaque conduit et permettent de nettoyer l'intérieur des éléments.

La disposition adoptée par M. Carville crée une surface de chauffe considérable sous un volume restreint, mais cet avantage n'est-il pas contrebalancé par la multiplicité des joints, des rivures? N'y a-t-il pas là une cause de nature à provoquer de nombreuses fuites ?

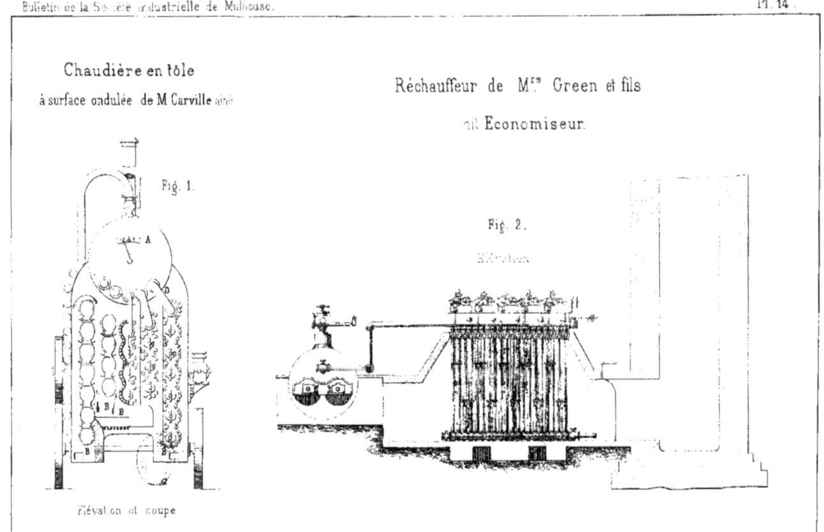
Chaudière en tôle
à surface ondulée de M Carville aîné
Fig. 1.
A
B
D
Élévation et coupe
Réchauffeur de Mrs Green et fils
ou Economiseur.
Fig. 2.

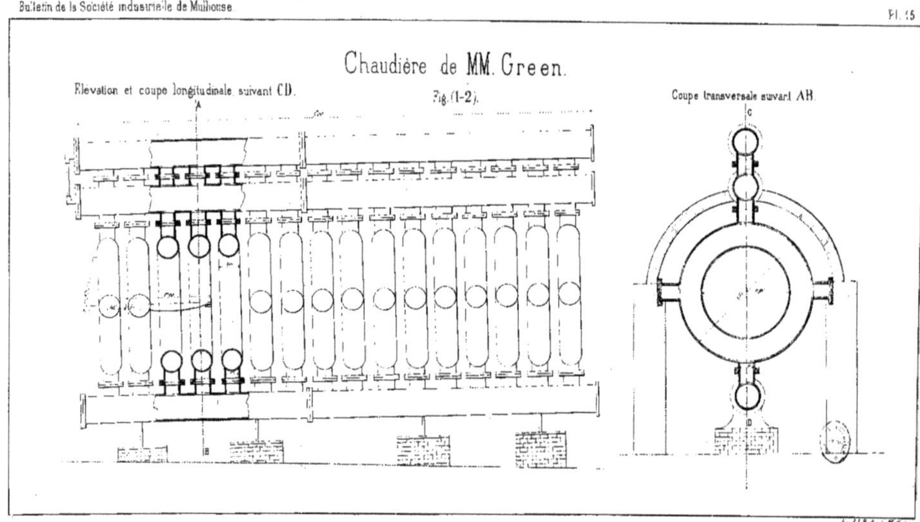
Chaudière de MM. Green.
Elevation et coupe longitudinale suivant CD.
Fig. (1-2).
Coupe transversale suivant AB.
A
B
C
D

ANGLETERRE.

Générateur de MM. E. Green et fils, constructeurs à Wakefield (Pl. XV, fig. 1, 2).

MM. Green exposent dans le hangar annexe de la section anglaise une chaudière entièrement en fonte. Le générateur se compose uniquement de trois tubes longitudinaux parallèles sur lesquels sont branchés une série d'anneaux ou bagues de 1m,34 de diamètre extérieur et de 0m,90 de diamètre intérieur.

Ces anneaux présentent quatre tubulures à 90° l'une de l'autre : deux sont placées horizontalement.

Les bagues sont toutes reliées à leur partie supérieure et à leur partie inférieure à deux tubes horizontaux de même diamètre que la section des bagues. Des boulons relient les tubes aux anneaux, de sorte que toute la masse de fonte est rendue solidaire.

Le foyer est placé entre les quatre premiers anneaux du générateur ; la chaudière est montée dans une sorte de four à réverbère. La flamme, au sortir de la grille, se répand donc indistinctement dans tout le four et se rend de là à la cheminée.

Un tube de 0m,22 de diamètre et de 5m,00 de longueur représente le réservoir de vapeur. Il ne mesure pas 200 litres.

Le tuyau inférieur amène l'eau au générateur ; sa partie antérieure est en rapport avec la pompe alimentaire.

La surface de chauffe est, suivant le constructeur, de 350 pieds carrés anglais, soit $32^{m^2},51$; la force du générateur est de 20 chevaux, soit $1^{m^2},62$ par force de cheval.

La disposition de ce générateur est très-défectueuse et l'on ne s'explique nullement les formes bizarres que le constructeur a cru devoir adopter, non plus que le choix du métal. Cette chaudière ne présente aucun des avantages des générateurs à circulation, car les dimensions des anneaux rendraient nécessairement une explosion dangereuse.

La solidarité établie dans toute la masse du générateur, s'opposant aux mouvements de dilatation et de contraction, ne peut manquer d'amener des fuites parmi les joints si nombreux; elle peut même entraîner des ruptures, car il doit y avoir une grande différence de température entre les premiers et les derniers anneaux.

L'absence de réservoir de vapeur, de tout appareil réglant l'alimentation, doit rendre la marche de la chaudière très-irrégulière; enfin, la fonte est loin de présenter les mêmes garanties que la tôle; ce métal ne *prévient pas,* ses altérations ne se traduisent pas à l'œil, et au moment où les constructeurs emploient plus que jamais des tôles très-résistantes, des tôles d'acier par exemple, il est douteux que MM. Green rencontrent des imitateurs.

MM. Green ont deux ou trois générateurs de ce système qui fonctionnent dans leurs ateliers de construction, en Angleterre; suivant les constructeurs, ces générateurs fonctionneraient d'une manière satisfaisante.

Immédiatement à la suite de cette chaudière se trouve un appareil des mêmes inventeurs; nous allons en donner la description.

Réchauffeur de MM. Green et fils, dit ÉCONOMISEUR (Pl. XIV, fig. 2).

Un spécimen de l'appareil réchauffeur de MM. Green est exposé au hangar annexe de la section anglaise; un autre est monté dans le parc et utilise les gaz chauds à leur sortie des chaudières de MM. Galloway, dont nous avons parlé précédemment.

Le réchauffeur de MM. Green consiste en plusieurs rangées de tubes horizontaux sur lesquels viennent s'emboîter des tubes verticaux reliés à leur partie supérieure par une série de tubes disposés comme ceux de la partie inférieure. Leur ensemble forme un parallélipipède rectangle.

Tous les tubes horizontaux du bas de l'appareil se branchent sur un tube collecteur qui communique avec la pompe alimentaire; une soupape de retenue est placée sur le tube de communication.

Les tubes horizontaux de la partie supérieure du réchauffeur déversent l'eau échauffée et la vapeur dans un tube collecteur en communication avec la chaudière.

Comme on le voit, l'appareil ne diffère que par la disposition des réchauffeurs, longtemps établis en Alsace par M. Adolphe Hirn, soit au Logelbach, soit à Wesserling, et qui se sont depuis répandus partout où les eaux d'alimentation sont assez pures pour en permettre l'usage [1].

Les tubes sont en fonte; leur nombre varie avec l'importance de l'appareil.

Les inventeurs ont apporté un perfectionnement à leur réchauffeur en y ajoutant un système mécanique qui nettoie constamment les parois extérieures des tubes.

L'appareil de nettoyage se compose de grattoirs disposés sur des barres de fer placées horizontalement entre les rangées de tubes.

Les barres de fer sont supportées par des chaînes qui s'enroulent sur des poulies calées sur un arbre mis en mouvement soit par un petit cheval-vapeur, soit en empruntant à une transmission voisine la faible force nécessaire à la marche de l'appareil.

Le mouvement est self-acting; une disposition très-simple de contrepoids fait embrayer alternativement, à droite et à gauche, le manchon placé sur l'arbre des poulies, qui change alors de sens dans sa rotation.

Les grattoirs sont fortement trempés dans les parties qui viennent s'appliquer contre les parois extérieures des tubes; leur propre poids les oblige à rester en contact avec les tubes, même quand ils s'usent à la longue.

Plusieurs centaines de ces appareils fonctionnent en Angleterre, en Russie et en Prusse. Ils commencent à se répandre en France,

[1] Voir *Bulletin de la Société industrielle de Mulhouse*, tome XXIII, p. 120.

surtout dans les départements du Nord, de la Somme et en Normandie.

MM. E. Green et fils indiquent que leurs appareils sont appliqués à un nombre de générateurs représentant une force totale de plus de 800,000 chevaux.

Cet appareil s'appliquera sans doute avec succès quand les eaux d'alimentation ne sont pas chargées de principes incrustants; avec des eaux de mauvaise qualité, le réchauffeur de MM. Green ne tarderait pas à s'obstruer et le nettoyage, sans être impossible, ne serait pas commode.

Le prix de l'appareil est de 63 fr. par tube.

Générateur inexplosible et surchauffeur de MM. Howard, Britannia Works, Bedfort (Pl. XVI, fig. 1, 2).

MM. Howard ont exposé une chaudière de leur système, qui était en montage lors de notre visite à l'Exposition; ce générateur est installé dans le parc à côté des trois chaudières de M. Galloway.

On peut, en outre, en voir un dessin, ainsi que des éléments dans la grande galerie des machines.

Le générateur de MM. Howard est une chaudière à circulation.

Elle se compose de tubes en fer forgé, placés verticalement sur des tubes horizontaux parallèles entre eux et communiquant tous avec un tube collecteur inférieur; les tubes verticaux sont également en relation avec un tube supérieur formant réservoir de vapeur.

Le générateur affecte donc la forme d'un serpentin tout à fait comme l'appareil de MM. Green.

Les tubes verticaux sont reliés aux tubes horizontaux par une bride portant deux boulons dont les écrous sont en bronze pour éviter l'adhérence que pourrait causer l'emploi d'écrous en fer, sujets à s'oxyder, à se rouiller.

Les tubes, en fer forgé, ont une résistance considérable

Générateur inexplosible et surchauffeur de M. M. Howard Britannia Works, Bedford (Angleterre).

Fig. 1

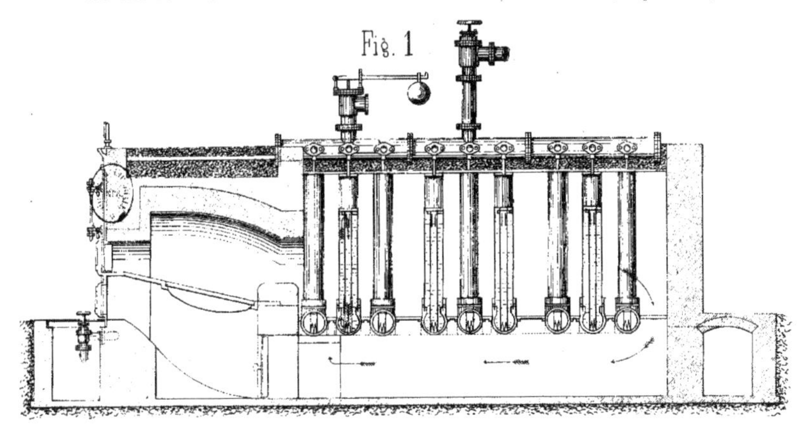

Section longitudinale.

Fig. 2

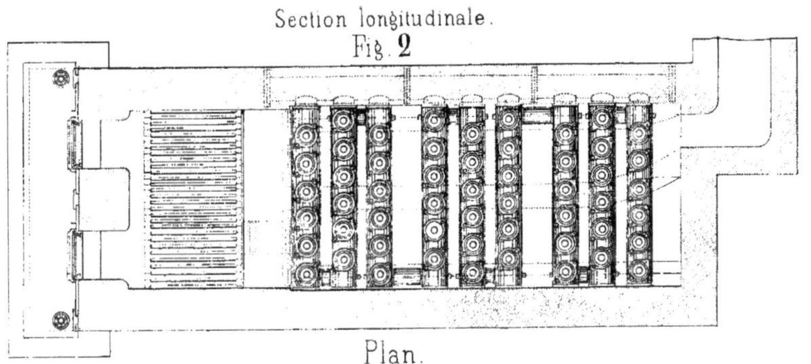

Plan.

(140 kilogrammes par centimètre carré). Les tubes de jonction sont éprouvés à une pression de 33 atmosphères avant d'être employés à la construction des générateurs.

Les tubes présentent une disposition particulière ayant pour but de provoquer une circulation très-rapide de l'eau dans le générateur. Cette disposition, que l'on rencontre fréquemment dans les chaudières anglaises, fut imaginée par Jacob Perkins, en 1831, qui prit une patente à ce sujet.

Chaque tube vertical en contient un autre; les axes de ces tubes coïncident. Le tube principal est ainsi divisé en deux parties : l'une, circulaire, centrale; l'autre, annulaire, enveloppe la première. Dans ces conditions, les gaz chauds du foyer, en léchant les parois extérieures des tubes, échauffent d'abord la lame d'eau annulaire et provoquent un mouvement ascensionnel dans cette partie du tube, tandis que l'eau plus froide de la partie centrale descend sous l'action de la pesanteur. Il en résulte un courant très-rapide dans tout le générateur. Les ingénieurs anglais attachent une grande importance à ce fait pour régulariser, autant que possible, la température dans les différentes parties de la chaudière.

De plus, les inventeurs prétendent que la rapidité des courants s'oppose tellement aux dépôts des eaux de mauvaise nature, que leur emploi ne souffre aucun inconvénient; quelle que soit l'heureuse influence de la circulation, nous ne pensons pas que les générateurs de ce système puissent convenir pour la marine ou pour les chaudières alimentées avec des eaux de mauvaise qualité.

Le foyer du générateur a la forme d'un parallélipipède rectangle; des écrans en briques réfractaires protégent de distance en distance, avec plus ou moins d'efficacité, les parties supérieures des tubes, remplies de vapeur, du contact direct de la flamme.

Remarquons encore que ce générateur n'est pas muni d'un réservoir de vapeur suffisant, que rien ne règle l'alimentation; il est probable que la régularité de marche de cette chaudière laisse à désirer.

Les chaudières de MM. Howard se vendent aux prix suivants :

Force en chevaux	Prix	Surface de chauffe
6	1650fr	6m²60
8	2150	8 80
10	2625	11 00
12	3075	13 20
15	3750	16 50
20	4750	22 00
25	5625	27 50
30	6375	33 00
35	7000	38 50
40	7500	44 00
50	8750	55 00

Plusieurs générateurs de ce système fonctionnent à Bedfort, dans les ateliers de MM. Howard, qui les ont substitués aux chaudières de Cornouailles, qu'ils avaient auparavant.

Chaudière de pompe à incendie à vapeur de MM. Merryweather et fils, à Londres, Long Acre et Lambeth (Pl. XVII, fig. 7).

MM. Merryweather et fils exposent dans le hangar annexe de la section anglaise un spécimen de leurs pompes à incendie à vapeur. Nous allons donner la description de la chaudière de la machine.

Le générateur est à circulation; le constructeur a adopté une disposition de tubes analogues à ceux de MM. Howard.

La chaudière de MM. Merryweather est à foyer intérieur, cylindrique verticale.

L'espace compris entre la boîte à feu et l'enveloppe extérieure du générateur, est rempli par l'eau et la vapeur.

Le ciel de la boîte à feu est percé de trous dans lesquels s'engagent des tubes ouverts à leur extrémité supérieure, fermés dans le bas. A leur partie supérieure les tubes s'évasent en cône; on les force dans la boîte à feu au moyen d'un mandrin. Des tubes de

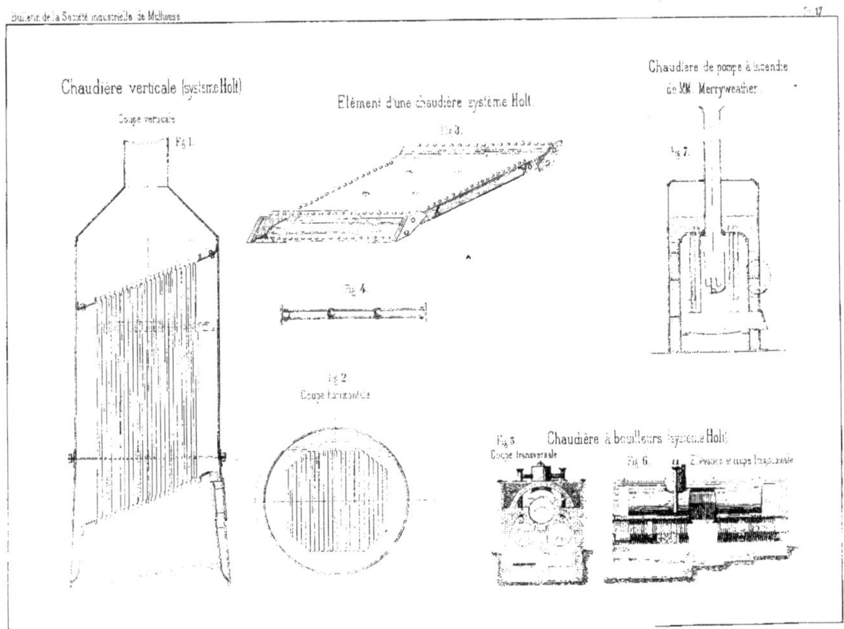
Chaudière verticale (système Holt)
Coupe verticale
Fig. 1.
Elément d'une chaudière système Holt.
Fig. 3.
Fig. 4.
Fig. 2.
Coupe horizontale
Chaudière de pompe à incendie
de MM. Merryweather
Fig. 7.
Fig. 5.
Chaudière à bouilleurs (système Holt)
Coupe transversale
Fig. 6.
Élévation et coupe longitudinale

plus petit diamètre, ouverts à leurs deux extrémités, sont placés dans l'intérieur des premiers.

La partie centrale de la boîte à feu est remplie par une sorte d'obturateur en fonte qui oblige les flammes à circuler autour des tubes avant de se rendre à la cheminée.

La mise en feu est rapide; quelques minutes suffisent pour mettre la chaudière en pression.

Une machine de ce genre ne manquerait pas de rendre des services importants dans un pays industriel comme le nôtre et particulièrement à Mulhouse.

Le prix de la pompe à incendie à vapeur est assez élevé, 20,000 fr.

AUTRICHE.

Chaudières fixes de locomotives, de locomobiles, système de M. Thomas Holt, constructeur à Trieste (Pl. XVII, fig. 1, 2, 3, 4, 5, 6).

M. Thomas Holt, constructeur à Trieste, expose dans la grande galerie du Palais, à la section autrichienne, divers spécimens de chaudières construites d'après le système dont il est l'inventeur.

Le générateur se compose d'un grand nombre de feuilles de tôle parallèles, reliées entre elles par des rivures; une partie des intervalles compris entres ces feuilles, livre passage à la flamme au sortir du foyer; l'autre partie forme le réservoir d'eau de la chaudière. Des entretoises, placées de distance en distance entre les feuilles, consolident les parois planes (fig. 4).

Des dessins indiquent l'application du système de M. Holt aux chaudières horizontales et verticales fixes, aux chaudières de marine et aux chaudières de locomotives.

Suivant l'inventeur, ce type de générateur présenterait une grande solidité, tout en donnant un énorme accroissement de la surface de chauffe.

D'après M. Holt, l'élasticité des différentes parties du système s'opposerait à la fixation des dépôts quand les eaux d'alimentation sont de mauvaise nature; cela nous paraît assez douteux.

Ce système est appliqué à quelques chaudières de navires autrichiens.

L'inventeur a dans ses ateliers une chaudière de la force de 20 chevaux qu'il se propose de soumettre à toutes les personnes qui désireraient faire des expériences.

Nous donnons ci-joint un dessin représentant les éléments d'un générateur et d'une chaudière verticale du système de M. Holt, ainsi que le croquis d'une chaudière à bouilleurs, munie de disques suivant le même principe.

Appareils d'alimentation.

Nous allons maintenant rendre compte des nombreux appareils d'alimentation qui fonctionnent ou sont simplement exposés au Champ-de-Mars. Nous ne parlerons pas de l'injecteur Giffard, aujourd'hui répandu d'une manière générale; nous nous occuperons spécialement des appareils d'alimentation automoteurs.

Tous les appareils de ce genre, quelle que soit leur forme, peuvent être rangés en deux classes distinctes, suivant leur mode d'action.

Dans la première, un flotteur placé dans le générateur, par des combinaisons de mouvement diverses, ouvre ou ferme, suivant les besoins de la chaudière, un robinet, une soupape, et admet ainsi ou intercepte l'eau arrivant des pompes alimentaires.

Dans la seconde classe, un vase dit *bouteille alimentaire* communique d'une part avec un réservoir placé au-dessus des chaudières ou bien avec une conduite d'eau à charge, de l'autre avec la chaudière par deux tubes dont l'un, placé à la partie inférieure du vase, plonge jusqu'au fond du générateur et sert à l'alimentation, tandis que l'autre, disposé au haut de la bouteille alimentaire, s'enfonce de quelques centimètres dans l'eau de la chaudière quand le niveau est à la hauteur normale de marche; ce tube est le régulateur de l'alimentation.

Si le niveau de l'eau dans la chaudière s'abaisse et découvre l'orifice inférieur de ce tube, la vapeur se rend à la partie supérieure de la bouteille alimentaire, et la colonne d'eau contenue dans le vase se met en mouvement sous l'action de son propre poids.

Les mouvements sont combinés de telle sorte que le vase alimentaire soit alternativement en communication avec le réservoir à eau ou les pompes et avec le générateur.

Les appareils du premier genre ont tous leurs organes cachés peu accessibles en général ; ceux du second ont tous leurs organes extérieurs. On verra dans la suite combien les diverses combinaisons adoptées par les inventeurs sont complexes et par suite combien elles sont sujettes à des perturbations, à des arrêts qui enlèvent aux appareils les apparences de sécurité qu'ils semblent tout d'abord présenter.

Nous devons cependant ajouter que nous avons vu fonctionner quelques-uns de ces appareils d'une manière satisfaisante pendant notre séjour à l'Exposition.

APPAREILS DU PREMIER GENRE.

Alimenteur automoteur, régulateur, à niveau constant, de MM. Valant frères et Ternois, 57, quai des Grands-Augustins, à Paris (Pl. XVIII, fig. 1, 2).

L'appareil de MM. Valant frères et Ternois est exposé dans la galerie des machines. Il consiste en un flotteur cylindrique en tôle, mesurant 0m,60 de longueur et 0m,30 de diamètre, relié à une tige verticale dont l'extrémité supérieure est attelée à un levier *F*, comme l'indique le dessin ci-joint.

Une colonne en fonte *E* entoure la tige du flotteur; cette disposition supprime le presse-étoupes avec lequel l'appareil ne présenterait aucune sécurité.

Le levier *F* est calé à son autre extrémité sur un arbre *G* et lui transmet les mouvements du flotteur, qui sont utilisés pour déterminer la position de la soupape alimentaire contenue dans la boîte *C*.

Deux ressorts *V, V*, fixés d'une part sur le levier *F* et s'appuyant contre les parois de la boîte métallique, guident le mouvement d'oscillation du levier *F*.

Deux excentriques *H, H* sont calés sur l'arbre *G*; leurs barres sont reliées par un balancier *K*, qui commande la tige *L* de la soupape alimentaire. Deux guides *U U* règlent les mouvements du balancier. Des vis *Z, Z* empêchent les colliers des excentriques de sortir suivant l'axe de l'arbre *G*.

Un regard *P*, ménagé dans la boîte métallique, permet de caler le levier *F* sur l'arbre *G*.

Un écrou *T* donne la faculté de régler comme il convient la position de la soupape alimentaire par rapport à celle occupée par le flotteur.

La soupape contenue dans la boîte *C* est à deux valves.

Dans ces derniers temps les inventeurs l'ont remplacée par une soupape de forme ovoïde percée de trous; cette dernière disposition est moins sujette à des perturbations.

L'emploi des soupapes dans ce genre d'appareils offre plus de garanties que les robinets, les glissières.

Au-dessous de la soupape alimentaire se trouve un tube *D* qui communique avec la chaudière et y conduit l'eau d'alimentation.

Une boîte à trémie *B*, avec toile métallique, est destinée à arrêter les impuretés entraînées par l'eau d'alimentation.

Enfin une soupape de retenue est placée sur le tuyau d'alimentation à l'entrée de l'eau dans le générateur pour éviter les retours d'eau.

Le jeu de l'appareil se conçoit aisément : quand le niveau de l'eau dans la chaudière a baissé d'une certaine quantité, le flotteur abaisse l'extrémité du levier *F* auquel il est relié, la tige *L* de la soupape alimentaire s'élève et l'eau des pompes alimentaires se rend par le tube *D* au générateur.

L'alimentation continue tant que le flotteur n'a pas interrompu

Alimenteur automoteur, régulateur, à niveau constant de MM. Valant frères & Ternois.

Fig 1.

Fig 2.

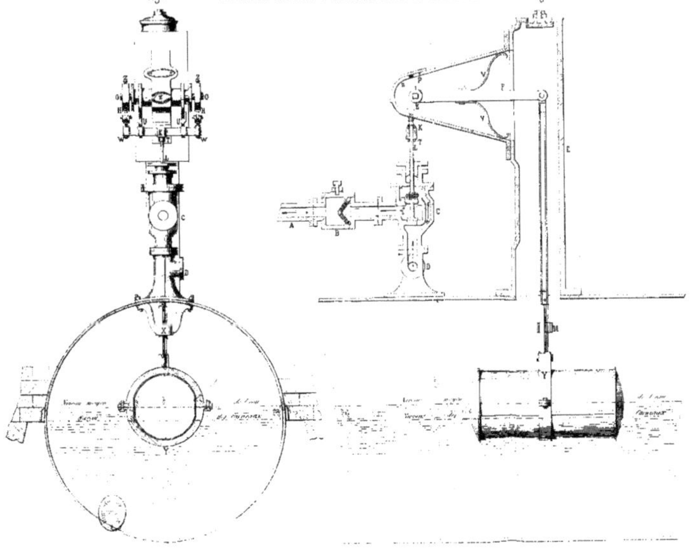

Appareil alimenteur automoteur de MM. Roufosse & Houget & Teston.

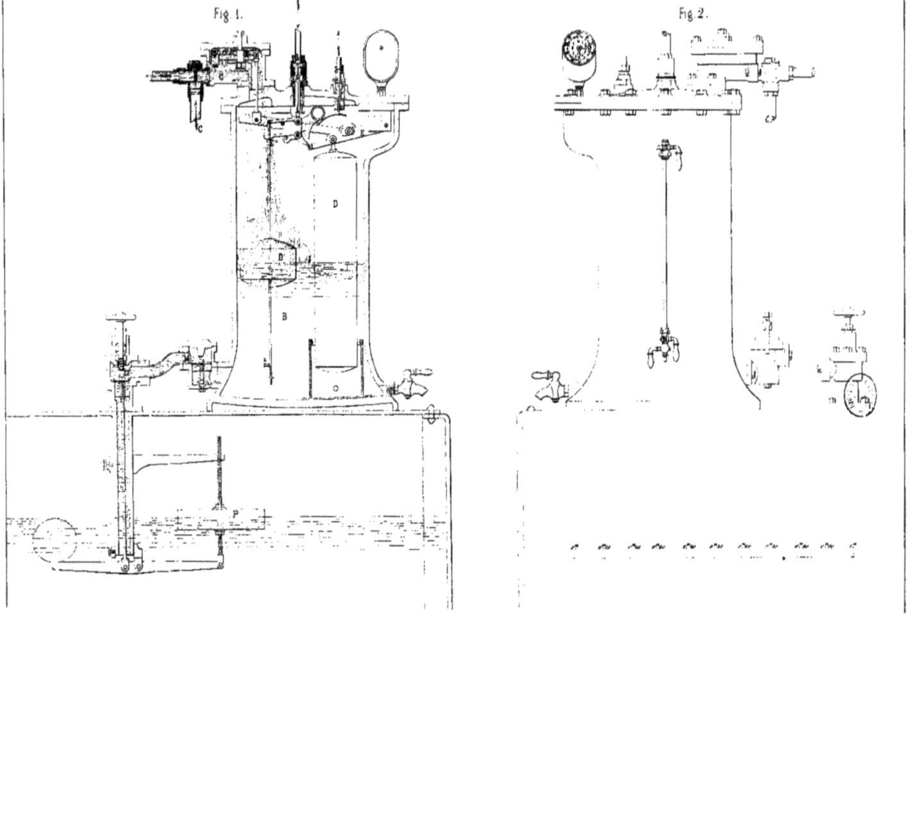

Fig. 1.

Fig. 2.

la communication entre les pompes et la chaudière. Deux écrous *W*, *W* relient la douille à tenon que supportent les chapes des excentriques au balancier *K*; le desserrage des écrous *W* suffit pour établir l'indépendance entre le mouvement de la soupape alimentaire et le mouvement du flotteur.

Il est facile de placer en outre sur la chaudière munie de cet appareil un sifflet d'alarme entièrement indépendant du système, et avertissant le chauffeur en cas de manque d'eau. Le système de MM. Valant frères et Ternois est, comme on voit, aussi simple que possible; les organes qui le composent, sont peu sujets à des dérangements et la plupart d'entre eux sont facilement accessibles.

Nous avons eu l'occasion de voir fonctionner plusieurs de ces appareils, que MM. Valant ont installés sur les chaudières établies par MM. Farcot à la pompe à feu de Chaillot. L'alimentation des chaudières se fait d'une manière satisfaisante.

Voici différents prix des appareils automoteurs d'alimentation de MM. Valant frères et Ternois :

Appareil pour chaudière verticale avec soupape ovoïde. .	fr. 500
Appareil pour chaudière verticale avec soupape à deux valves.	» 500
Appareil pour chaudière horizontale avec soupape à deux valves et soupape de retenue.	» 600
Appareil pour chaudière horizontale avec soupape à deux valves sans soupape de retenue	» 500

Les appareils de MM. Valant frères et Ternois fonctionnent dans plusieurs établissements, notamment aux pompes à feu de l'administration des eaux de la ville de Paris, dans plusieurs forges ou filatures.

Appareil alimenteur automoteur et compteur d'eau de MM. Roufosse et Houget et Teston, de Verviers (Belgique) (Pl. XIX, fig. 1, 2).

Un appareil automoteur d'alimentation de MM. Roufosse et Houget et Teston est installé sur les chaudières belges qui alimentent de vapeur les machines de la section belge dans la grande galerie du Palais.

L'appareil se compose d'un vase cylindrique en fonte communiquant à sa partie supérieure par un tube *L* soit avec la chambre de vapeur de la chaudière sur laquelle il est installé, soit par un tube *C* avec un réservoir d'eau placé au-dessus des chaudières. Un tube à la partie inférieure du récipient établit la communication entre ce dernier et le générateur.

Deux flotteurs de dimensions inégales *D, D'* commandent les divers mouvements de l'appareil automoteur.

Le plus petit *D'* glisse le long d'une tige verticale *E'''* passant par son centre; à mesure que le niveau de l'eau s'élève dans le récipient, le flotteur *D'* approche du levier *E''*. En montant encore, le levier *E''* est soulevé; le levier *E* qui était retenu par le levier *E''*, grâce au talon *I*, s'élève à son tour, sous l'action du flotteur *D*. Le levier *E* vient alors soulever la soupape *L* et admettre la vapeur dans la partie supérieure du récipient alimentaire. La soupape *K* se ferme et la colonne d'eau, sous l'action de la pesanteur, soulève la soupape *M* et pénètre dans le générateur si une seconde soupape *O*, commandée par un flotteur, est elle-même au-dessus de son siége.

Le flotteur *D'* accompagne l'eau dans son mouvement de descente et finalement vient appuyer sur un écrou placé sur la tige *E'''*; sous l'action de son poids, le flotteur *D'* décroche le flotteur *D* qui en tombant ferme la soupape *L* et ouvre la soupape *K*. La vapeur contenue dans le récipient se rend au réservoir, se condense et l'eau remplit de nouveau le vase alimentaire.

Un appareil compteur complète le système en enregistrant le nombre de fois correspondant à un changement de mouvement dans l'auto-alimenteur.

L'appareil de MM. Houget et Teston et Roufosse est d'invention trop récente pour que nous puissions indiquer l'accueil que lui réserve l'industrie.

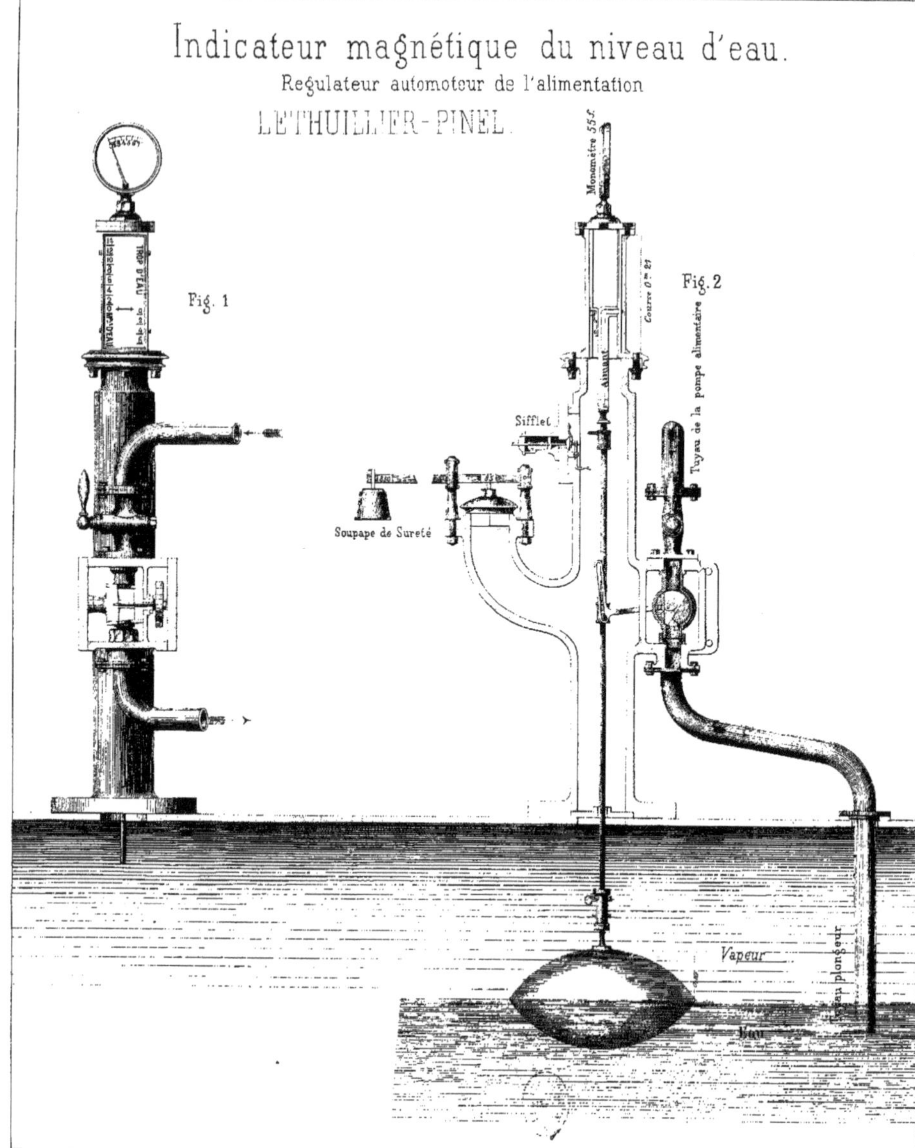

Impr. E. L. Bader a Mulhouse

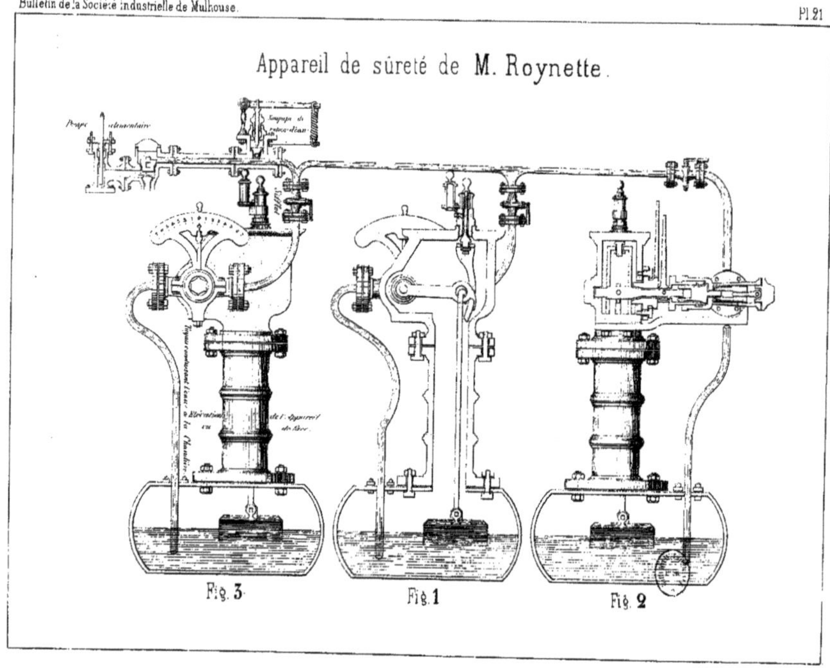
Appareil de sûreté de M. Roynette.
Fig. 3
Fig. 1
Fig. 2

Indicateur magnétique du niveau d'eau régulateur automoteur de l'alimentation de M. Lethuillier-Pinel, ingénieur-mécanicien à Rouen (Pl. XX, fig. 1, 2).

L'indicateur magnétique de M. Lethuillier-Pinel est très-connu; nous ne parlerons que de la disposition particulière adoptée par le constructeur pour régler l'admission de l'eau dans la chaudière.

La tige du flotteur porte une bague munie d'un bouton qui se meut dans une coulisse reliée à un levier qui ouvre ou ferme un robinet placé sur le tuyau d'alimentation de la chaudière suivant que le flotteur descend ou monte. La tige du flotteur peut être allongée ou raccourcie suivant que l'on se propose de maintenir le niveau plus ou moins élevé dans la chaudière.

Une soupape de retour d'eau est placée entre la pompe alimentaire et l'appareil. Quand l'alimentation est terminée, que le robinet mû par le flotteur est fermé, l'eau s'échappe par un tuyau de décharge.

Il nous semble que cette disposition, si simple du reste, n'est pas exempte de critique. Ainsi il est à craindre que le robinet grippe, surtout si les eaux d'alimentation sont à une température assez élevée.

Le prix de l'indicateur magnétique, régulateur de l'alimentation de 15 centimètres de course avec sifflet et soupape de retour d'eau pour chaudière jusqu'à 30 chevaux, est de 340 fr.; le même avec 21 centimètres de course pour chaudière au-dessus de 30 chevaux, 380 fr.

Appareil de sûreté de M. Roynette, mécanicien à Sotteville-lès-Rouen (Pl. XXI, fig. 1, 2).

L'appareil de M. Roynette, qui est exposé dans la grande galerie des machines, est fondé sur le même principe que le précédent. Les mouvements de la tige d'un flotteur sont transmis à un robinet placé sur le tuyau d'alimentation du générateur; le robinet s'ouvre ou se ferme suivant que le flotteur descend ou monte.

Une soupape de retour d'eau est placée entre la pompe alimentaire et l'appareil de sûreté.

Une aiguille, mobile sur un cadran gradué, et calée sur l'arbre qui met en mouvement le robinet, indique les variations de niveau de l'eau dans la chaudière.

Un sifflet d'alarme complète le système.

Le prix des régulateurs est de 330 fr., pris à Rouen.

Une centaine de ces appareils environ fonctionne chez différents industriels, particulièrement en Normandie et dans les départements du nord de la France.

APPAREILS DU DEUXIÈME GENRE.

Appareil auto-alimenteur de M. J. Brière, ingénieur-mécanicien à Bruxelles (Pl. XXII, fig. 1, 2, 3, 4, 5).

L'appareil auto-alimenteur de M. Brière est placé sur l'une des chaudières exposées par MM. Houget et Teston, à côté de l'appareil auto-alimenteur que nous avons décrit précédemment.

L'auto-alimenteur de M. Brière se compose d'une bouteille alimentaire à double compartiment A, B venue de fonte d'une seule pièce. Tandis que l'un de ces compartiments B est en relation avec le générateur L, l'autre A est en communication avec un réservoir d'eau K.

Quand le compartiment B se sera vidé dans le générateur L, les communications de l'appareil auto-alimenteur avec le réservoir et la chaudière seront inverses, c'est-à-dire que B sera en relation avec le réservoir, A avec la chaudière.

Ces changements se font au moyen de deux glissières C, D dont nous expliquerons plus loin le mécanisme.

Nous supposons que le compartiment B se trouve en communication avec le générateur; deux tubes E, F établissent cette communication (fig. 1, coupe suivant $O P$).

Le premier, placé à la partie inférieure de la bouteille alimentaire, conduit l'eau dans le générateur et descend près du fond de

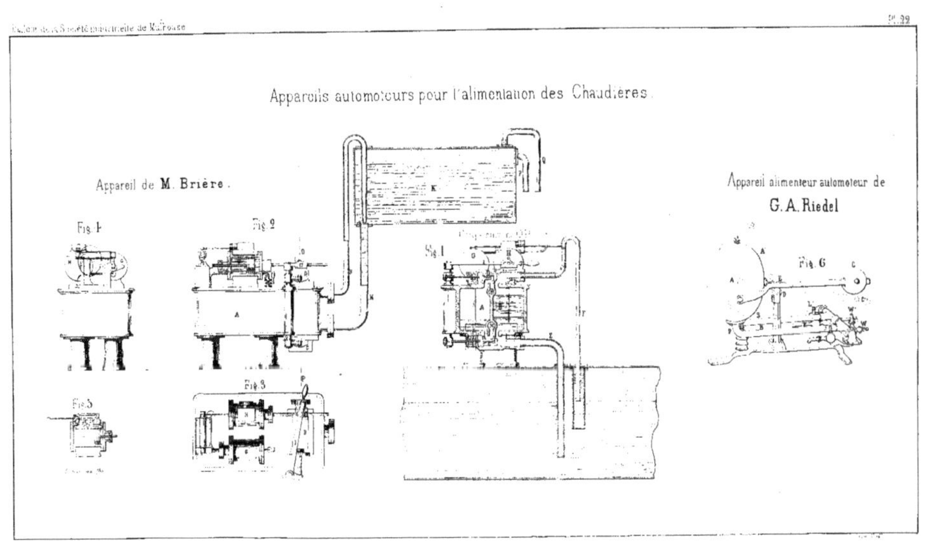
Appareils automoteurs pour l'alimentation des Chaudières.
Appareil de M. Brière.
Fig. 1
Fig. 2
Fig. 3
Fig. 5
Fig. 4
Appareil alimenteur automoteur de
G. A. Riedel
Fig. 6

la chaudière. Le second, *F*, s'arrête au niveau normal que l'eau doit conserver dans la chaudière. Ce tube est lui-même entouré d'un autre, percé de trous à une certaine hauteur au-dessus du niveau de l'eau, pour mettre le tube *F* à l'abri des écumes qui surnagent dans le générateur. Quand l'eau dans la chaudière baisse au point de découvrir l'orifice du tube *F*, la vapeur entre dans le tube et se rend à la partie supérieure de la bouteille alimentaire. La colonne d'eau qui remplit le compartiment *B* se met alors en mouvement sous l'action de son propre poids et se rend dans le générateur par le tube *E*.

Le déplacement des glissières *C* et *D* renverse les communications; ces glissières sont commandées par le levier *I*.

Nous allons expliquer maintenant le jeu du levier.

Au-dessus des compartiments *A* et *B* se trouvent deux cylindres *G*, *H*.

L'un de ces cylindres *G* est simplement une capacité cylindrique dont les fonds sont en relation l'un avec le compartiment *A*, l'autre avec le compartiment *B*. Par conséquent l'une des faces du piston qui se meut dans ce cylindre, sera soumise à la pression de la vapeur du générateur, l'autre à la faible pression de l'eau venant du réservoir; il s'ensuit que le piston se dirigera toujours vers le point où la pression est plus faible. La tige du piston *G* commande un levier *U* calé sur un arbre horizontal (fig. 2).

Cet arbre horizontal commande la distribution, le tiroir du cylindre *H* qui est un cylindre de petite machine à vapeur. La tige du piston du cylindre *H* commande enfin le levier *I* qui manœuvre les glissières *C* et *D*.

La pression du générateur ayant changé de compartiment, le piston du cylindre *G* prend une direction opposée et change de nouveau les glissières *C* et *D*, afin que le compartiment *B*, qui s'est rempli d'eau, puisse de nouveau alimenter le générateur.

La vitesse du piston *G* est déterminée par l'ouverture plus ou moins grande du robinet *J*; ce dernier est réglé de manière à laisser au compartiment le temps de déverser son contenu dans le générateur.

Une disposition spéciale permet l'alimentation d'une batterie de chaudières dont plusieurs travaillent à des pressions différentes.

Dernièrement M. Brière a modifié son appareil en remplaçant d'une part les glissières par des soupapes et en donnant aux compartiments *A* et *B* la forme d'une bouteille.

Quand ces vases sont en communication avec le générateur, comme la bouteille ne présente à sa partie supérieure qu'une faible section, la condensation de vapeur est moins forte qu'avec la disposition primitive.

On peut voir différents spécimens de ces appareils dans la grande galerie du Palais.

Le système de M. Brière ne contient pas d'organes importants inaccessibles dans la chaudière, par exemple, comme tous les appareils du premier genre; on voit, par contre, combien les combinaisons de mouvements à l'extérieur sont multiples et complexes. Cet appareil est incontestablement très-ingénieux, mais avant de se prononcer sur son efficacité et sa valeur réelle, il faut qu'une pratique constante prouve que l'appareil auto-alimenteur de M. Brière n'est pas sujet à des dérangements trop fréquents, bien que les réparations ne soient pas difficiles.

Appareil alimenteur automoteur de M. G.-A. Riedel. Automatic-Boiler-Feeder Cie, Allen Middelton, Ir. President, 945, Ridge Avenue, Philadelphia (Etats-Unis) (Pl. XXII, fig. 6).

M. G.-A. Riedel expose un spécimen de son appareil alimenteur automoteur à la classe 53, section des Etats-Unis, grande galerie du Palais. Cet appareil est destiné à l'alimentation d'une chaudière de 10 à 15 chevaux.

L'appareil consiste en un récipient en cuivre, de forme ellipsoïdale *A* muni de deux tourillons mobiles dans les barres d'un levier à fourche *E*; le levier *E* s'appuie sur un galet *D* et porte à son extrémité un contre-poids *C*.

Deux tuyaux *B* et *S* viennent déboucher au fond du ballon ; ils sont reliés entre eux par une traverse creuse qui leur sert en même temps de communication. Le tuyau *S* vient déboucher à la partie supérieure du ballon récipient ; son autre extrémité affleure à peine dans l'eau de la chaudière sur laquelle est placé l'appareil ; ce tuyau, comme il a été vu précédemment, est le régulateur de l'alimentation.

Le tuyau *B* s'arrête à la partie inférieure du récipient et plonge plus ou moins dans l'eau de la chaudière.

Le tuyau *W* amène l'eau d'alimentation au ballon *A* ; ce tuyau est en communication avec un réservoir dont le niveau est plus élevé que du massif du générateur.

L', *L''*, *W'* sont des soupapes, *I* un petit robinet d'air.

P est un cylindre dans lequel se meut un piston qui, en comprimant la petite masse d'air contenue dans le cylindre, forme ressort pour amortir le choc au moment où l'appareil fonctionne.

Le jeu de l'auto-alimenteur est très-simple : le robinet *I* étant ouvert, l'eau du réservoir entre par le tuyau *W* dans le récipient *A* qui occupe alors la position indiquée en traits ponctués dans le dessin ci-joint.

Quand le ballon *A* est plein d'eau, on ferme le robinet *I* une fois pour toutes. Le poids de l'eau l'emportant alors sur le contre-poids, l'appareil occupe la position représentée sur le dessin en traits pleins.

Les soupapes *L'*, *L''* des tuyaux *B* et *S* mettent alors en communication le récipient *A* avec la chaudière ; la soupape *W'* du tuyau est fermée. Si maintenant le niveau de l'eau descend au-dessous du niveau normal, l'orifice du tuyau *S* se trouve dégagé et la vapeur entre dans le récipient *A*, l'eau descend à la chaudière, sollicitée par son propre poids, tandis que le récipient se remplit de vapeur. Allégé alors du poids de l'eau, l'appareil cède à l'action du contre-poids et reprend la position indiquée en traits ponctués.

Les soupapes *L'* et *L''* se sont fermées, la soupape *W''* est ouverte, la communication est rétablie entre le récipient et le réservoir. La vapeur contenue dans le ballon se condense, le vide se fait dans le récipient, et sous l'action combinée de cet appel et de la faible pression résultant de la différence de niveau, l'eau du réservoir remplit l'appareil qui est de nouveau prêt à fonctionner.

Les appareils alimenteurs automoteurs de M. G.-A. Riedel coûtent :

Appareil pour chaudière de 15 chevaux . . . . . fr. 500
» » 50 » . . . . . » 800

Appareils contre les incrustations des chaudières
(Pl. XXIII, fig. 1, 2).

M. Durenne, constructeur-mécanicien à Courbevoie, près Paris, expose dans la galerie des machines, à côté du générateur dont nous avons donné la description au commencement de cette seconde partie, un appareil dit *hydratmo-purificateur,* de M. G. Wagner.

Cet appareil, comme son nom l'indique, a pour but de purifier les eaux d'alimentation en les débarrassant des impuretés en suspension et particulièrement des sels calcaires en dissolution.

L'hydratmo-purificateur est basé sur ce fait que les eaux chargées de sels de chaux ou de magnésie, surtout à l'état de bicarbonates ou de carbonates, laissent déposer une partie de la chaux ou de la magnésie, quand elles sont chauffées à une température voisine de 100°; l'expulsion partielle de l'acide carbonique détermine la précipitation d'une certaine quantité des bases terreuses.

Quand les eaux d'alimentation contiennent des sulfates, l'élimination de ce principe nécessite une température élevée ; elle nécessite des précautions spéciales, et l'efficacité de l'appareil doit être assez contestable.

Nous avons eu l'occasion de voir l'un de ces appareils installés depuis plusieurs années déjà chez MM. Dollfus et Mantz, à Mulhouse, et nous avons appris que l'appareil ne donne de bons résultats qu'autant que la quantité d'eau à épurer séjourne un temps assez prolongé dans l'appareil.

L'hydratmo-purificateur de M. Durenne consiste en une caisse rectangulaire en tôle, s'ouvrant sur l'une de ses faces au moyen de grandes portes montées sur des gonds et tenues ordinairement fermées hermétiquement au moyen de serre-joints faisant adhérer la partie saillante de leur contour sur des lanières de caoutchouc logées dans des feuillures.

Les portes donnent passage à une série de plateaux mobiles disposés les uns au-dessus des autres et placés en chicane. Ils sont garnis de bords de 3 à 4 centimètres sur trois côtés, afin que l'eau qu'ils sont destinés à recevoir et à conduire, se trouve maintenue et ne puisse se déverser que d'un côté. Elle coule ainsi du plateau supérieur à celui immédiatement au-dessous qui avance de quelques centimètres sur le précédent et ainsi de suite jusqu'au bas de l'appareil. En admettant que les plateaux aient un mètre carré de superficie, qu'il y en ait 50, l'eau aura été répandue sur une nappe de 50 mètres carrés avant de se rendre au réservoir contenant les eaux purifiées; ce reservoir est placé au bas de l'appareil.

A la partie supérieure de l'hydratmo-purificateur se trouve une caisse pour la décantation et le jaugeage de l'eau d'alimentation.

L'appareil est échauffé soit par la vapeur d'échappement des machines sans condensation, soit par les gaz chauds d'un foyer.

La vapeur ou les gaz chauds sont amenés à la partie inférieure de l'appareil et circulent à travers les interstices des plateaux avant de se rendre au dehors.

L'eau lèche chaque plateau, tombe goutte à goutte d'une tablette sur l'autre; cet état de division facilite le dépôt des sels terreux qui s'accumulent sur les plateaux.

Le nettoyage des plateaux se fait en ouvrant les portes, et en grattant ou lessivant les tablettes suivant que le dépôt est ou n'est pas très-adhérent.

Un robinet, à portée de la main, permet de régler à volonté l'écoulement de l'eau suivant les besoins du générateur que l'hydratmo-purificateur doit alimenter.

Nous signalerons un appareil tout à fait analogue exposé dans la section autrichienne (galerie des machines) par M. Joseph Toth, à Réesheme (Hongrie).

Garnitures mobiles intérieures pour chaudières et bouilleurs (système E. Schmitz), *MM. Gargan et Cie, constructeurs-mécaniciens, 7, rue Curial, à la Villette. — Paris* (Pl. XXIII, fig. 3, 4).

MM. Gargan et Cie exposent dans le hangar du Nord une chaudière formée simplement d'un corps cylindrique, munie de ses garnitures mobiles.

Ce sont des lames courbes à petites surfaces, apposées les unes sur les autres comme des tuiles, de telle sorte que leur ensemble forme une double paroi dans les chaudières et les bouilleurs au fond desquels on les dispose.

Ce double fond est une surface cylindrique de section circulaire dont l'axe ne coïncide pas avec celui de la chaudière ou du bouilleur ; l'espace compris entre les parois de la chaudière ou du bouilleur et les garnitures métalliques est une lame annulaire d'inégale épaisseur. Cette disposition a pour but de placer les différents points extrêmes d'une section horizontale passant par l'axe des bouilleurs ou de la chaudière dans des conditions différentes d'absorption de calorique et, par suite, de déterminer un courant circulaire suivant un plan normal à l'axe des bouilleurs ou de la chaudière.

Cette circulation régulière est utilisée pour provoquer le dépôt des matières en suspension dans le double fond formé par les garnitures mobiles.

Les inventeurs font, en outre, ressortir l'avantage de régulariser la température dans toute la masse du générateur, grâce à la circulation rapide et générale qui s'établit dans la chaudière.

Le nettoyage du générateur se fait avec facilité. On retire les doubles fonds et on enlève les dépôts qui restent longtemps

Hydratmo-purificateur de M. Wagner.

Fig. 1 2.

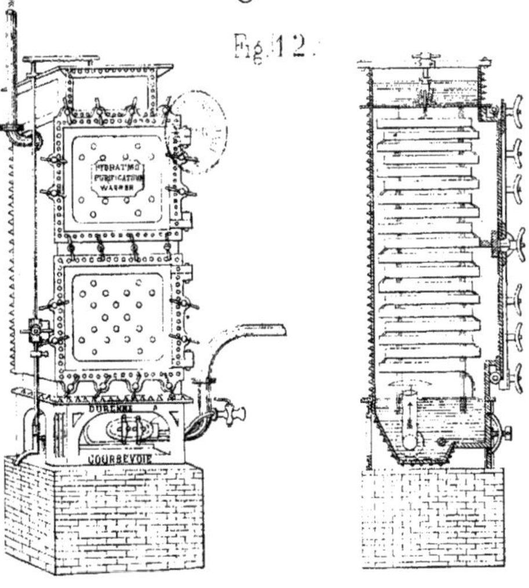

Installation des garnitures à circulation de MM. Gargan & Cie dans une chaudière à bouilleurs.

Fig. 3. Fig. 4.

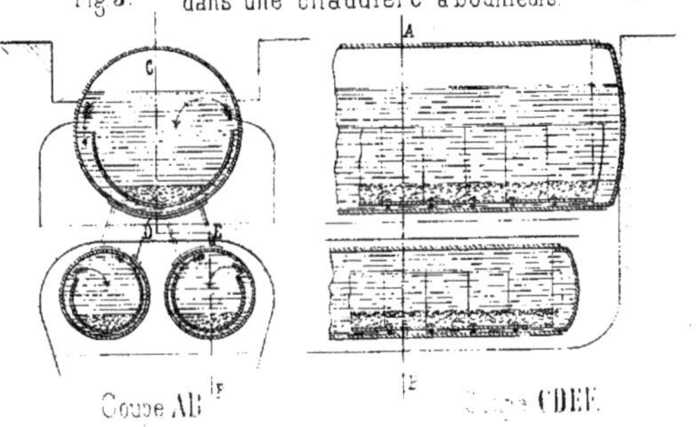

boueux sans adhérer contre les lames, car la température des garnitures métalliques est relativement basse.

Un usage prolongé et des applications dans des conditions diverses consacreront la valeur de cet appareil qui réunit, dans tous les cas, l'avantage de la simplicité.

Une disposition tout à fait analogue a été adoptée, il y a déjà plusieurs années en Alsace, par M. Auguste Dollfus, avec cette différence toutefois que le double fond était formé d'une seule pièce avec des armatures et des cornières ayant pour but de faciliter la mise en place de l'appareil.

En Angleterre, également, un grand nombre de générateurs sont munis de plateaux disposés de manière à recueillir les écumes et les matières en suspension; les différentes dispositions adoptées par les constructeurs ont plus ou moins d'analogie, le principe est toujours le même.

APPAREILS FUMIVORES.

De la fumivorité.

Avant de passer à la description des principaux appareils imaginés dans le but de brûler la fumée, nous allons examiner rapidement dans quelles conditions se forment les gaz fuligineux dans les foyers, et quels sont les moyens propres à amener leur combustion.

Examinons comment s'opère la combustion dans un foyer ordinaire de chaudière.

La houille, concassée en morceaux de la grosseur du poing, est jetée sur la grille de manière à former une couche d'égale épaisseur, présentant en tous ses points une perméabilité à peu près constante. Au fur et à mesure que le charbon brûle, le chauffeur renouvelle le combustible, en couvrant la grille de houille fraîche.

Si l'on observe en ce moment ce qui se passe, on voit à la partie inférieure, contre les barreaux, les scories, le coke, puis la houille à moitié transformée en coke, enfin le combustible frais.

L'atmosphère du foyer est à ce moment remplie de gaz fuligineux provenant soit d'une sorte de distillation des hydrocarbures qui se dégagent au contact de la houille fraîche avec les parties incandescentes sur la grille, soit de la décomposition d'hydrogènes carbonés au contact des parois relativement froides du générateur.

L'air appelé par la cheminée s'échauffe au contact des barreaux de la grille et des matières élevées à une haute température qui les recouvrent, brûle une partie du coke à l'état d'acide carbonique, s'appauvrit en oxigène et traverse les parties supérieures de la couche de houille, brûlant plus ou moins complètement les gaz qui s'en dégagent.

L'atmosphère au-dessus de la grille se trouve alors composée d'air en excès, de combustibles gazeux en faible proportion, tels que l'oxyde de carbone, résultant soit d'une combustion incomplète dans les parties supérieures de la couche de houille, soit d'une décomposition de l'acide carbonique au contact avec les matières incandescentes réductrices dans les points où la couche atteint plus d'épaisseur. Des hydrogènes carbonés, de l'hydrogène libre, en proportions variables avec la nature des combustibles, la répartition des matières sur la grille et une foule de circonstances très-complexes, forment enfin un mélange gazeux plus ou moins coloré.

Remarquons qu'au moment de la charge, il se produit deux circonstances éminemment défavorables à la combustion des gaz fuligineux : d'une part, l'atmosphère du foyer est sensiblment refroidie, de l'autre, la perméabilité de la couche de combustible est diminuée en raison de l'importance de la charge et cela au moment où le dégagement des gaz qui constituent la fumée, atteint son maximum.

Pour combattre cet effet, les différents inventeurs ont eu recours pour la plupart à une addition d'air, soit froid, soit chaud; ils ont cherché à provoquer des remous pour rendre plus intime le mélange des gaz et de l'air au sortir de la grille dans le foyer.

Dans certains appareils, une combinaison de mouvements plus

Appareil de M. Palazot.

Coupe en travers.

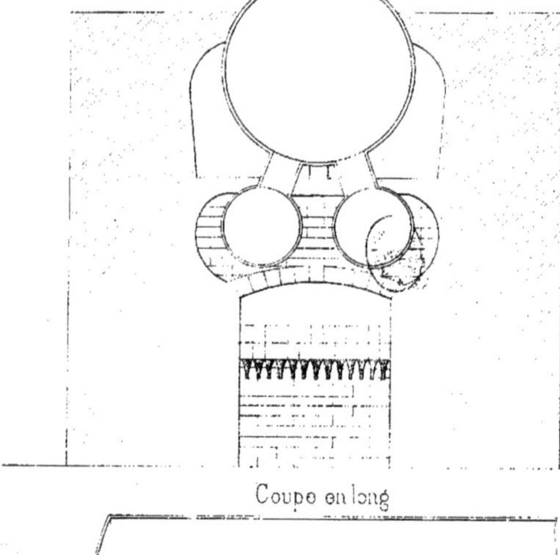

Coupe en long

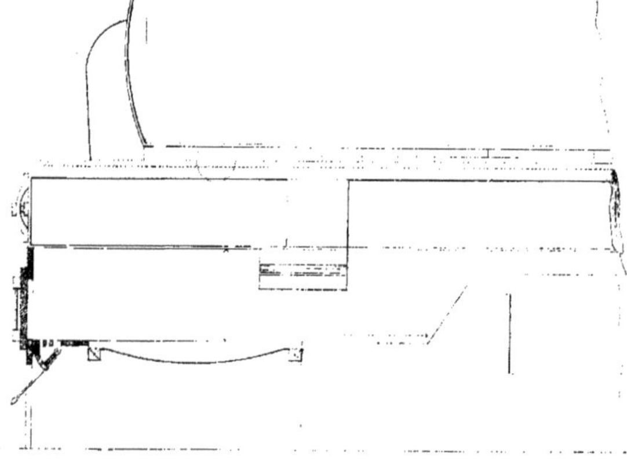

ou moins simple permet d'admettre dans le foyer une quantité d'air variable immédiatement après la charge, en laissant au chauffeur le soin de manœuvrer l'appareil. Dans d'autres cas, l'addition d'air est permanente. On voit de suite l'inconvénient de cette disposition, car toute addition d'air en excès se traduit immédiatement par une augmentation de dépense de combustible.

Les principaux appareils fumivores étudiés par le comité de mécanique de la Société industrielle de Mulhouse n'ont pas répondu à l'attente et aux prévisions des inventeurs, et l'on peut dire que jusqu'ici la combustion de la fumée, c'est-à-dire la suppression plus ou moins complète des produits gazeux colorés, à la sortie de la cheminée, a eu pour conséquence une augmentation de dépense de combustible.

Ceci posé, nous allons passer en revue les divers appareils fumivores exposés au Champs-de-Mars, en suivant toujours le même ordre, c'est-à-dire en commençant par ceux que nous avons vus fonctionner.

Appareil fumivore de M. Palazot (Pl. XXIV).

L'appareil fumivore de M. Palazot est installé dans le foyer d'une chaudière ordinaire à deux bouilleurs qui alimente de vapeur la machine de M. Boyer, de Lille, dans la galerie des machines.

Le système fumivore de M. Palazot consiste en une injection d'air en avant de la grille et en une voûte en briques réfractaires, placée au-dessus de la grille un peu en avant de l'autel, comme l'indique la figure. L'injection de l'air peut être augmentée ou diminuée au moyen d'une sorte de valve à l'avant de la grille et manœuvrée par un levier dont l'extrémité présente plusieurs crans. La poignée du levier est près de la porte du foyer à la portée du chauffeur.

La voûte est en briques réfractaires; autant que possible les joints doivent en être très-minces pour en assurer la conservation. Cette voûte portée à une haute température empêche le contact immédiat des gaz avec les bouilleurs, ou tout au moins détermine un rétrécissement dans la section du foyer qui oblige les gaz et l'air à se mieux pénétrer avant d'être répandus dans les cameaux.

La disposition adoptée par MM. Tenbrinck et Bonnet pour le fourneau de l'usine de Graffenstaden a quelque analogie avec la voûte du foyer fumivore de M. Palazot.

Le système de M. Palazot a été l'objet d'expériences faites à Mulhouse dans l'établissement de MM. Dollfus-Mieg et Cie [1]; les résultats ne permettent pas de conclure que le système de M. Palazot soit réellement économique; toutefois, il est juste d'ajouter que l'augmentation dans la dépense de combustible n'a pas été très-forte et que ce système est en somme recommandable toutes les fois que la suppression de la fumée noire, opaque, est une nécessité absolue. L'appareil entraînera, du reste, d'autant moins une augmentation de consommation que l'on cherchera une fumivorité moins absolue; comme la fumée grise, transparente, est loin de causer les mêmes ennuis que la fumée noire, si les produits gazeux ne sont que faiblement colorés à la sortie de la cheminée, le problème de la fumivorité peut être considéré comme résolu.

Plusieurs appareils du système Palazot sont installés dans diverses usines de Bordeaux; il a été également appliqué à la manufacture des tabacs de Paris-Reuilly.

Appareil fumivore de MM. Thierry fils et Cie, rue du faubourg Saint-Martin, 122 et 124, Paris (Pl. XXV, fig. 1, 2, 3).

Le système fumivore de MM. Thierry fils et Cie est appliqué aux chaudières de MM. Chevalier, de Lyon, et Quillacq, d'Anzin. On peut également le voir fonctionner dans le parc. Un petit spécimen est installé en outre dans le hangar du Nord, classe 52.

Le système consiste en une injection de vapeur surchauffée dans le foyer au-dessus de la grille.

Deux tubes B, B', parallèles entre eux, sont reliés par un

[1] Voir *Bulletin de la Société industrielle,* tome XXXIII (Juin 1863) p. 245 à 267.

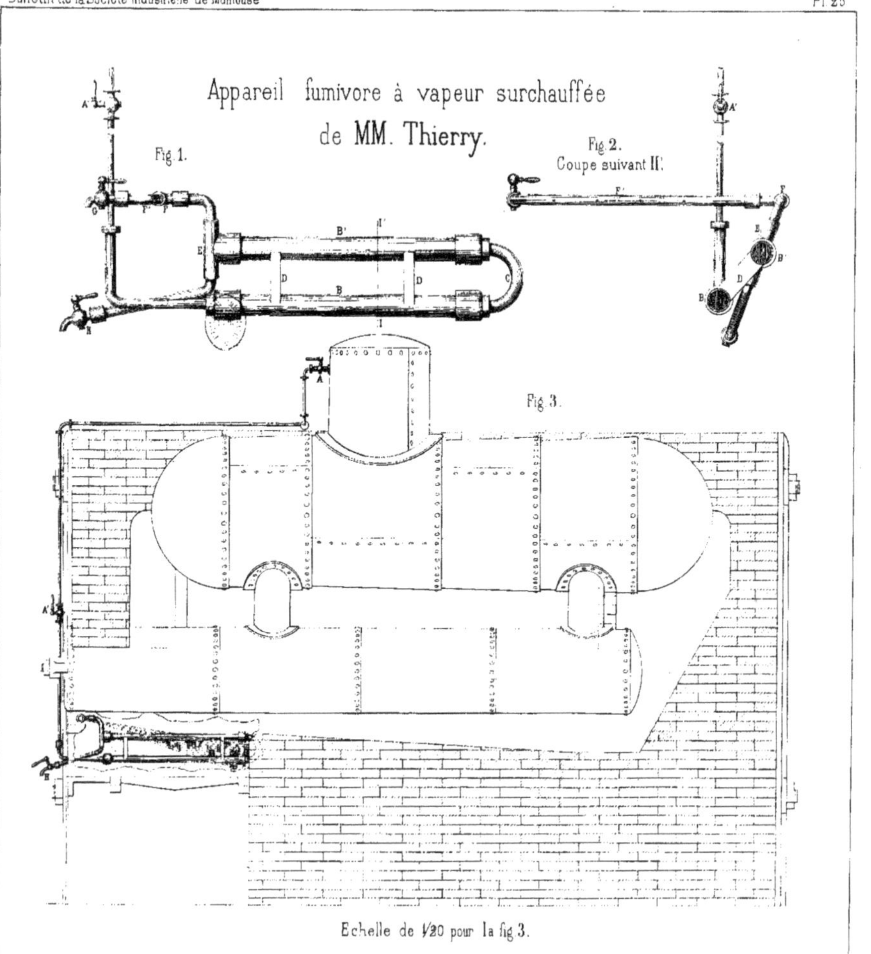
Appareil fumivore à vapeur surchauffée
de MM. Thierry.
Fig. 1.
Fig. 2.
Coupe suivant II'.
Fig. 3.
Echelle de 1/20 pour la fig. 3.

coude *C* et communiquent par un tuyau *A* avec le réservoir de vapeur de la chaudière à laquelle le fumivore est appliqué. Sur le tube supérieur *B* est branché à angle droit un petit tuyau *F* percé de trous sur toute sa longueur. Les tubes *B*, *B'* sont placés contre l'une des parois du foyer, de sorte que le tuyau *F* se trouve au-dessus du cadre de la porte du foyer.

Un robinet *A'* permet d'admettre la vapeur dans l'appareil ; elle s'y surchauffe et s'échappe par les trous dont est percé le tube *F*, en formant une nappe plus ou moins étendue à la surface de la grille. Ces jets de vapeur donnent naissance à des remous qui mélangent l'air et les gaz dans le foyer tout en déterminant un appel d'air énergique.

Des robinets *G*, *H* permettent de purger la soufflerie.

Le chauffeur doit avoir soin d'ouvrir le robinet *A'* après chaque charge et de le fermer ensuite au bout d'un moment. Il serait aisé d'imaginer une combinaison de mouvement ouvrant le robinet *A* immédiatement après la fermeture de la porte du foyer, par la manœuvre même de la porte.

Des expériences prolongées pendant plusieurs semaines consécutives dans la maison Dollfus-Mieg et Cie sur un appareil de MM. Thierry, ont accusé une augmentation de 6 à 7 °/o dans la consommation de combustible [1].

Il a été constaté que la fumivorité de l'appareil était assez satisfaisante.

MM. Thierry et fils ont conclu des marchés généraux avec le ministre de la marine et des colonies et plusieurs compagnies de chemins de fer. Plus de 700 appareils de ce genre fonctionnent sur les locomotives des différentes lignes de fer en France. De plus, on n'en compte pas moins de cinq cents soit à Paris, soit dans les départements manufacturiers, d'après les renseignements fournis par MM. Thierry.

---

(1) Voir *Bulletin de la Société industrielle*, t. XXXVI, p. 49 à 79, (année 1866).

L'appareil de MM. Thierry fils et Cie est simple, facile à installer; son fonctionnement doit être sûr, peu sujet à des perturbations; il est fâcheux qu'au point de vue économique il laisse à désirer.

Appareil fumivore de M. de Chodzko, à Paris
(Pl. XXVI, fig. 1, 2).

M. de Chodzko expose dans le hangar du Nord un spécimen de son appareil fumivore appliqué à un petit modèle de chaudière horizontale.

Le système de M. de Chodzko consiste en trois grilles, dont deux placées dans le prolongement l'une de l'autre, la troisième en contrebas et à la suite des deux premières, comme l'indique la figure.

Une petite voûte *H*, placée entre la seconde et la troisième grille, a pour but de rejeter les gaz sur la dernière grille.

L'appareil est fondé sur le principe suivant : déterminer une distillation progressive des combustibles chargés sur la première grille, puis refoulés sur la seconde et enfin jetés sur la troisième au moyen d'un râble, au fur et à mesure que le chauffeur renouvelle le combustible. Les gaz et la fumée se trouvent ainsi, à mesure qu'ils cheminent, en présence de couches de plus en plus carbonisées, par suite plus perméables à l'air appelé par la cheminée. Des portes placées dans le cendrier en avant des deux premières grilles et de la troisième permettent de régler plus ou moins l'admission de l'air.

Les gaz fuligineux qui n'ont pas été brûlés sur la seconde grille, n'échappent pas à l'action du troisième foyer.

Plusieurs appareils de ce système fonctionnent en France et à l'Etranger; deux fumivores de M. de Chodzko sont appliqués à l'imprimerie impériale à Paris.

Il nous semble que la disposition imaginée par l'inventeur réclame, de la part de l'ouvrier, une attention bien soutenue si l'on veut obtenir une répartition bien uniforme des matières sur

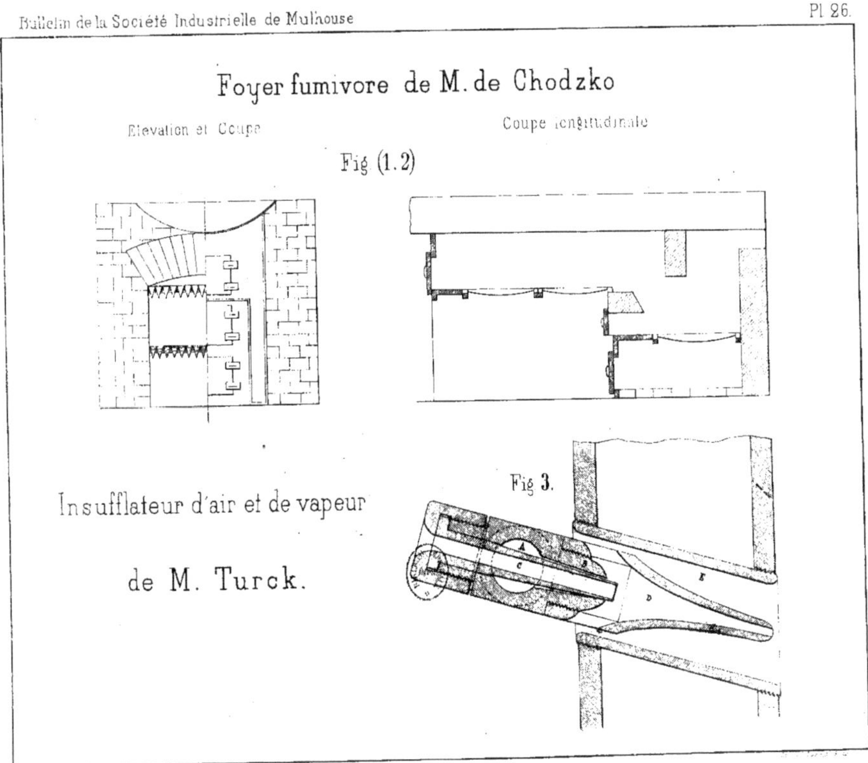
Foyer fumivore de M. de Chodzko
Elevation et Coupe
Coupe longitudinale
Fig. (1.2)
Fig. 3.
Insufflateur d'air et de vapeur
de M. Turck.

les grilles et une admission d'air convenable par les portes des cendriers.

Des essais faits à Dornach, chez MM. Dollfus-Mieg et Cie, en présence de M. de Chodzko, ont donné des résultats fort peu satisfaisants [1].

Insufflateur d'air et de vapeur de M. Turck (Pl. XXVI, fig. 3).

M. Turck, inspecteur du matériel et de la traction des chemins de fer de l'Ouest, expose, dans la grande galerie du Palais, plusieurs spécimens d'injecteurs Giffard, modifiés par lui, ainsi qu'un appareil insufflateur d'air et de vapeur dont nous allons donner la description.

L'appareil, comme son nom l'indique, insuffle un mélange de vapeur et d'air dans les foyers de chaudières ou dans les boîtes à feu de locomotives et de locomobiles, de manière à brûler les produits gazeux qui échappent ordinairement à la combustion et se traduisent au dehors par une fumée plus ou moins colorée.

La disposition adoptée par M. Turck diffère en principe de celle imaginée par MM. Thierry, par l'injection de l'air dans le foyer.

Les expériences faites à Dornach, chez MM. Dollfus-Mieg et Cie, sur les appareils de MM. Thierry, ont démontré que la fumivorité de ce système n'était pas absolue. On conçoit, en effet, que les remous provoqués par les jets de vapeur, favorisent le mélange des gaz au sortir de la grille et jusqu'à un certain point la combustion de la fumée, mais l'addition de l'air est indispensable pour obtenir une fumivorité apparente, c'est-à-dire pour supprimer la coloration des produits gazeux à leur sortie de la cheminée.

Le système de M. Turck est donc une ingénieuse combinaison des nombreuses dispositions imaginées dans ce but, et qui toutes se réduisent soit à une addition d'air, soit à une injection de vapeur; la première ayant pour objet d'apporter l'oxygène néces-

---

[1] Voir *Bulletin de la Société industrielle*, tome XXXIII, page 253.

saire à la combustion de la fumée, la seconde, d'opérer le mélange des diverses lames gazeuses qui se forment au-dessus de la grille.

L'insufflateur se compose d'une tuyère *B*, de section circulaire, engagée dans un conduit *E*, mettant l'atmosphère du foyer en communication avec l'air extérieur. Un tuyau *A* met la tuyère *B* en relation avec le réservoir de vapeur de la chaudière. Si, dans ces conditions, on lance de la vapeur par le foyer, ce fluide entraînera avec lui la gaîne d'air qui l'entoure. La quantité d'air entraîné sera d'autant plus grande que la surface de contact sera plus considérable; la surface de contact croîtra donc proportionnellement au diamètre de l'orifice de la tuyère, tandis que la dépense de vapeur augmentera proportionnellement au carré du diamètre.

Pour entraîner le maximum d'air avec le minimum de dépense de vapeur, M. Turck place dans la tuyère *B* un obturateur *C*, qui ne laisse libre à la vapeur qu'un orifice annulaire de 3 millimètres carrés de section. La tuyère a 10 millimètres de diamètre; un intervalle de $^1/_{10}$ de millimètre, suivant le rayon, sépare la tuyère de l'obturateur. De plus, ce dernier est creux, de sorte que l'entraînement provoqué par le jet de vapeur se fait à la fois par l'intérieur de l'obturateur et par la zône annulaire du tuyau *D*.

Cet ajutage a pour but de mélanger l'air et la vapeur et de les diriger contre les parois de l'autel, de manière à couvrir la grille de jets brassant mécaniquement les gaz au sortir de la grille et leur fournissant l'air nécessaire à leur combustion.

Quel est le résultat économique du système ? C'est ce que des expériences prolongées peuvent seules indiquer.

L'influence de l'insufflation sur la température des produits de la combustion, sur le mélange des gaz et le prolongement du parcours de la flamme, a été étudiée et forme, ainsi que la description des appareils fumivores inventés jusqu'ici, l'objet d'une notice très-intéressante publiée par M. Turck dans les *Mémoires*

Tubes mobiles
de M. Berendorff.

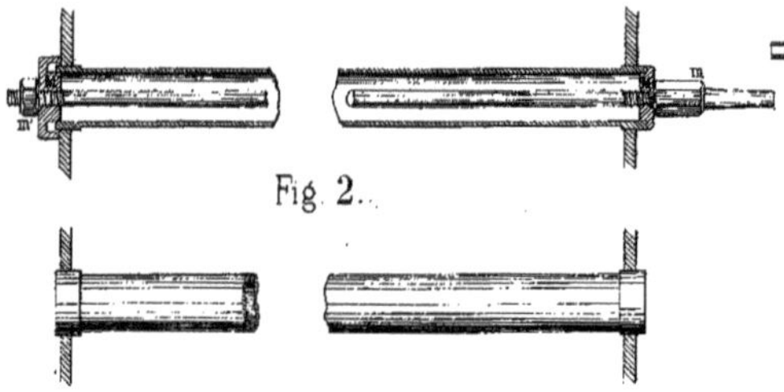

Fig. 2.

Manomètre différentiel
de M. Kretz.

Fig. 3.

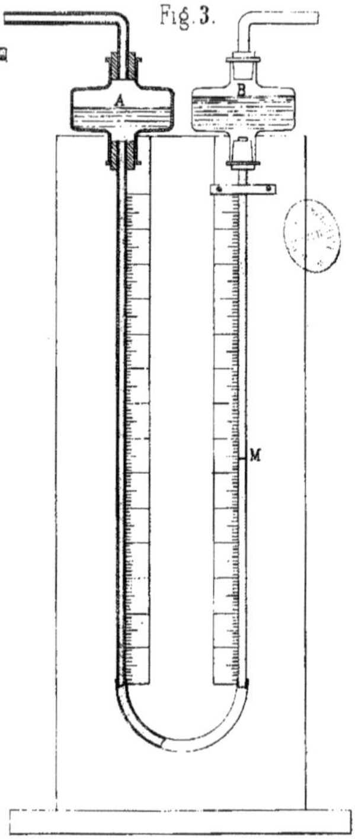

A

B

M

Appareil de M. Chuwab.

Fig. 1.

Coupe en
perspective isométrique.

Echelle 1/10.

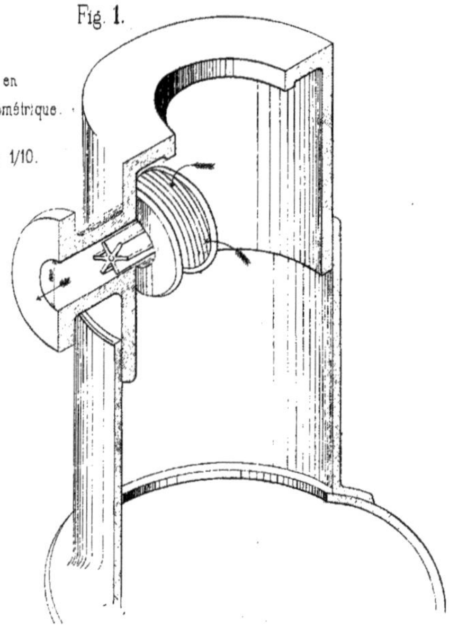

de la Société des ingénieurs civils (année 1866) ; nous ne croyons pouvoir mieux faire que d'y renvoyer le lecteur.

APPAREILS DIVERS.

Appareils contre l'ébullition tumultueuse et l'entraînement de l'eau dans les chaudières à vapeur de MM. Chuwab, 67, rue du faubourg Saint-Denis, Paris (Pl. XXVIII, fig. 1).

MM. Chuwab exposent, dans la grande galerie des machines, un spécimen de leurs appareils construits dans le but d'arrêter l'eau entraînée à l'état vésiculaire par la vapeur des chaudières.

La figure ci-jointe, en perspective isométrique, à l'échelle de $^1/_{10}$, représente l'appareil installé dans le réservoir à vapeur d'une chaudière horizontale. Il consiste simplement en un fil métallique enroulé un grand nombre de fois autour d'un croisillon terminé à l'une de ses extrémités par un fond boulonné; l'autre extrémité pénètre dans la tubulure de prise de vapeur.

L'intervalle entre chaque spire est de $^1/_4$ à $^1/_5$ de millimètre; la somme de ces différents interstices est sensiblement égale à la section libre de la tubulure de prise de vapeur, pour éviter la perte de charge résultant de l'étranglement.

La vapeur humide, en se créant un passage à travers les spires, se débarrasse de l'eau entraînée à l'état vésiculaire; celle-ci retombe dans le générateur.

La longueur du fil métallique enroulé sur le croisillon est d'environ 30 mètres.

L'appareil peut être construit très-simplement de la manière suivante : Deux disques métalliques sont réunis par des entretoises filetées sur un pas de vis approprié à la grosseur du fil enroulé et à la distance qu'on veut ménager entre chaque spire.

Dans ces conditions, le prix d'achat ne dépasse pas 100 fr. pour un diamètre de conduit de vapeur de $0^m,10$.

Trois de ces appareils sont installés chez MM. Chevallier, Cheylus et Cie, fabricants de wagons à Paris-Grenelle.

Caisse à eau pour l'étude des machines à vapeur par la mesure des chaleurs de condensation. M. de Mondésir, ingénieur en chef à la manufacture des tabacs, quai d'Orsay, 63, Paris (Pl. XXVII, fig. 1, 2).

M. de Mondésir expose à la classe 51, dans la grande galerie du Palais, un appareil aussi simple qu'ingénieux pour l'étude des machines à vapeur par la mesure des chaleurs de condensation.

L'appareil se compose d'une caisse en zinc de $1^m,00$ de hauteur, $0^m,40$ de largeur et de $0^m,90$ de longueur, ayant la forme d'un parallélipipède rectangle et ouverte à sa partie supérieure. Cinq cloisons, cinq feuilles de zinc percées de trous circulaires, placées parallèlement les unes aux autres, divisent la caisse en six compartiments, dont le premier et le dernier ont $0^m,25$ de long, les autres $0^m,10$. Le premier compartiment est muni d'une poche où l'on place un thermomètre.

Ce dernier compartiment présente à sa partie inférieure six tubulures de mêmes dimensions dont les ouvertures circulaires sont fermées par des soupapes ou opercules chargés de petits contrepoids. Un tube indicateur de niveau, en verre, et une échelle graduée sont placés contre la paroi extérieure de la caisse.

Les cloisons qui divisent la caisse ont pour but de maintenir, pendant un temps suffisant, le niveau constant dans le dernier compartiment, alors qu'il est variable dans tous les autres, surtout dans les premiers.

On commencera par rôder les différentes tubulures, de telle sorte que sous une même charge elles débitent, dans le même temps, toutes le même volume d'eau.

Cela fait, on construit une table, par l'expérience plutôt que par le calcul, donnant le volume d'eau débité par une ou plusieurs tubulures, sous telles et telles charges indiquées par le tube de verre pendant 100 secondes, par exemple.

Pour faire un essai, on fait rendre toutes les eaux à la sortie du

Caisse à eau de M. de Mondésir

Coupe longitudinale AB. Fig. (1. 2) Élévation et Coupe.

A

B

condenseur dans le premier compartiment de la caisse. Le niveau y est naturellement très-variable ; quand l'eau a atteint une certaine hauteur, elle rencontre les ouvertures percées dans la première cloison et se déverse dans le second compartiment. Suivant l'abondance des eaux du condenseur, on ouvre une ou plusieurs tubulures du dernier compartiment, de manière à y établir un régime constant.

On note alors la température de l'eau de la pompe de puits, celle de l'eau à la sortie du condenseur, c'est-à-dire à l'entrée de la caisse à eau ; on prend le nombre de tubulures ouvertes et la hauteur de l'eau, dans le dernier compartiment, à l'échelle de l'indicateur. On n'a plus qu'à lire dans les tables la quantité d'eau débitée dans ces conditions. Une simple multiplication donne le nombre de calories acquises par les eaux de condensation.

Voici un modèle extrait du registre des essais à la manufacture des tabacs de Paris, que nous devons à l'obligeance de M. Nicklès :

PAR NOMBRE DE TUBULURES OUVERTES					PAR HAUTEUR DE NIVEAU DE L'EAU DANS LA CAISSE				
Dates	Nos des expériences	Niveau moyen de l'eau dans la caisse	Moyenne de l'eau débitée en 100'' en litres par tubulure	Nombre de tubulures ouvertes	Dates	Nos des expériences	Niveau moyen de l'eau dans la caisse	Nombre de tubulures ouvertes	Moyenne de l'eau débitée en 100'' en litres par tubulure

Manomètre différentiel à deux liquides, de M. Kretz, ingénieur à la manufacture des tabacs de Paris (Pl. XXVIII, fig. 3).

A côté de la caisse à eau se trouve un instrument exposé par M. Kretz, ingénieur à la manufacture des tabacs de Paris ; cet appareil a pour but de mesurer la différence de pression dans des milieux différents, quand un simple tube en *U* ne donnerait pas une approximation suffisante pour la mesure de la dépression exercée dans une cheminée, par exemple.

L'instrument se compose de deux ballons en verre *A*, *B*, munis de deux tubulures fermées par des bouchons en caoutchouc que traversent des tubes en verre; ceux-ci sont reliés entre eux par un tube de caoutchouc; l'appareil forme donc un vase communiquant.

Le tube qui traverse la tubulure supérieure du ballon *A*, met l'appareil en relation avec l'atmosphère; le tube qui traverse la tubulure supérieure du ballon *B*, établit la communication avec le milieu dont on veut déterminer la pression.

L'appareil est rempli, jusqu'à une certaine hauteur, d'eau alcoolisée, colorée en rouge, et d'essence de térébenthine; ces deux liquides ont été préalablement mis en présence pendant 24 heures, de manière à se saturer convenablement et à donner un plan de séparation nettement défini dans l'instrument.

Quand l'appareil est au repos, l'équilibre s'établit, de telle sorte que les hauteurs des colonnes liquides soient en raison inverse des densités; l'un des liquides marque 69 à l'aréomètre, l'autre 79.

Si l'on met maintenant le ballon *B* en relation avec le milieu dont on veut déterminer la pression, avec la chambre d'une cheminée, par exemple, l'équilibre est rompu; le niveau s'élève dans le ballon *B* jusqu'à ce que la pression du milieu, de la chambre de la cheminée, augmentée de la colonne de liquide soulevé, soit précisément égale à celle de l'atmosphère, qui exerce son action sur le liquide du ballon *A*.

Dans ce mouvement, une molécule *M* parcourra une hauteur d'autant plus grande que les diamètres respectifs des ballons et des tubes qui les relient, sont dans un rapport plus considérable; ce rapport détermine la sensibilité de l'appareil. Dans l'instrument exposé, une différence de pression de 1 millimètre d'eau se traduit par un déplacement de 25 millimètres.

La molécule *M* est précisément le plan de séparation des deux liquides.

On pourrait construire un instrument analogue avec un seul liquide et un flotteur, mais il est préférable d'éviter de mettre une

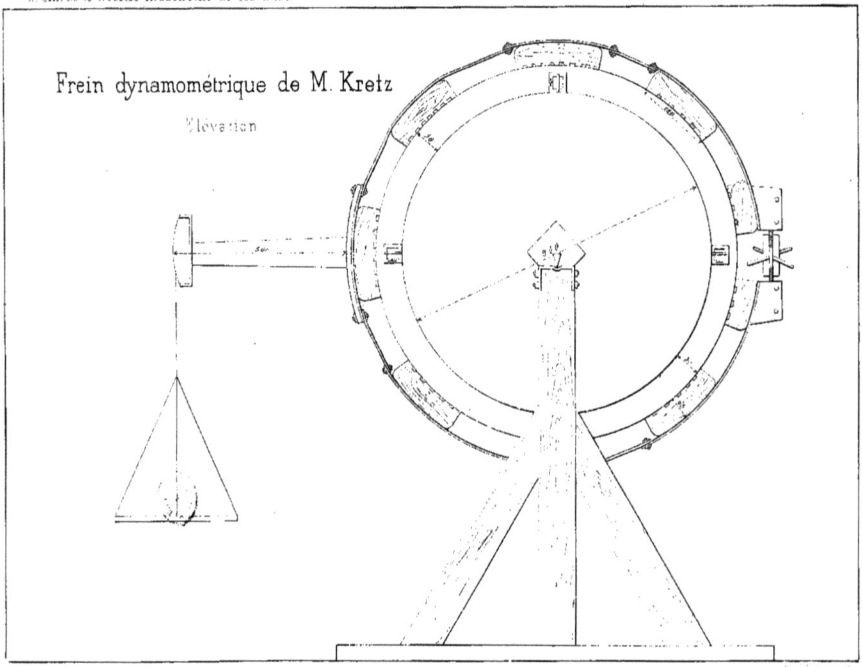

Frein dynamométrique de M. Kretz

Élévation

petite masse en mouvement, à cause des frottements qui pourraient en résulter.

La sensibilité de l'appareil peut être rendue aussi grande que l'on veut; toutefois, il y a une limite pratique, car ces instruments ont l'inconvénient d'être paresseux, et il faut attendre longtemps avant que l'équilibre s'établisse.

Une échelle convenablement graduée, par l'expérience plutôt que par le calcul, est placée derrière les tubes. L'instrument a 60 centimètres de hauteur; les ballons *A*, *B*, 10 centimètres de diamètre; les tubes qui relient les ballons ont 15 millimètres de diamètre intérieur.

Frein dynamométrique de M. Kretz, ingénieur à la manufacture de tabacs de Paris (Pl. XXIX).

M. Kretz expose également un frein dynamométrique pour l'étude des machines à vapeur.

L'appareil se compose d'une bande circulaire en fer plat, d'une épaisseur de 5 millimètres environ, composée d'une série de lames placées à la suite les unes des autres, reliées par des boulons, de manière à pouvoir réduire ou augmenter le diamètre du collier suivant la grandeur de la poulie sur laquelle on installe le frein.

Des blocs en bois, munis intérieurement de rainures pour faciliter le graissage pendant l'expérience, sont interposés entre la bande circulaire métallique et la poulie d'essai.

Le collier se termine à l'une de ses extrémités par deux oreilles, entre lesquelles se trouve une vis et un écrou qui permettent de serrer plus ou moins les blocs de bois contre la poulie.

Au point diamétralement opposé se trouve le bras de levier du frein, muni d'un plateau de balance que l'on charge convenablement pendant l'expérience.

L'appareil, tel qu'il est représenté, est installé sur un plateau circulaire qui permet d'en déterminer rigoureusement la tare.

Le plateau circulaire est muni en son centre de deux couteaux sur lesquels il repose; quatre manchons, placés à 90° l'un de l'autre, permettent d'augmenter ou de diminuer la sensibilité de ce genre de balance.

L'appareil dont nous donnons la description, est construit pour de petites machines à vapeur de 5 à 10 chevaux.

Tubes mobiles de M. Berendorff, mécanicien, rue Mouffetard, 294, Paris (Pl. XXVIII, fig. 2).

M. Berendorff expose, dans la grande salle des machines, un générateur muni du système de tubes dont il est l'inventeur; ces tubes sont appliqués à différentes chaudières fonctionnant dans le parc, notamment à celles construites dans les ateliers de Mme veuve de Coster et de MM. Houget et Teston.

Chaque tube, en cuivre ou en fer, présente à ses extrémités un renflement tourné, qu'il s'agit de fixer dans la plaque tubulaire.

L'emmanchement de chaque tube se fait au moyen d'une tringle en fer L, taraudée des deux bouts et portant à chaque extrémité une rondelle M ou M', de formes différentes, et les écrous m et m'.

L'une de ces rondelles M porte sur le bout du tube seulement, tandis que l'autre M', au contraire, porte sur la plaque tubulaire.

Pour emmancher les tubes il faut que la rondelle M' porte sur le fond qui a le plus petit alésage, et, en tournant l'écrou m', l'on fait avancer le tube dont les renflements viennent s'ajuster dans les trous alésés à cet effet. Au moment où le serrage a lieu, on a soin de frapper quelques coups de marteau sur l'écrou m pour faciliter l'opération.

Pour retirer les tubes, on agit d'une manière inverse; la rondelle M' et l'écrou m sont placés à l'extérieur de la plaque tubulaire qui a le plus grand alésage.

L'emmanchement des tubes au début est très-satisfaisant, mais n'y a-t-il pas à craindre à la longue, qu'à la suite de plusieurs mises en place nécessitées par le nettoyage extérieur des tubes, la pose ne laisse à désirer?

Nous devons ajouter que la maison Cail et Cie se sert, depuis cinq ans, des tubes de M. Berendorff, et que M. de Mastaing, ingénieur chez MM. Cail et Cie, ne nous a rien dit que de favorable à l'invention des tubes mobiles.

Il s'est écoulé aujourd'hui plusieurs années depuis le moment où ces tubes ont été employés pour la première fois dans la construction des chaudières tubulaires, et l'expérience doit en avoir consacré la valeur.

La maison Cail et Cie a appliqué ce système, depuis le mois de Septembre 1862 jusqu'au 21 Mars 1867, à 36 générateurs sortis de ses ateliers.

En terminant la description des divers appareils à vapeur et autres que nous avons jugé de nature à intéresser l'industrie alsacienne, nous exprimons le regret de n'avoir pu y joindre des chiffres précis sur les rendements pratiques de ces appareils. Les écarts considérables qui ont été, à plusieurs reprises, constatés entre les chiffres mis en avant par les inventeurs et ceux résultant d'expériences faites à Mulhouse, nous ont décidé à ne mettre sous les yeux du lecteur aucun des chiffres, établis du reste d'une manière assez incertaine, que nous avons pu recueillir.

Mulhouse. — Imprimerie L. L. Bader.

www.ingramcontent.com/pod-product-compliance
Ingram Content Group UK Ltd.
Pitfield, Milton Keynes, MK11 3LW, UK
UKHW020343180726
13839UKWH00002B/882

9 782329 586632